Max Frisch

# Biedermann

## und die Brandstifter

von Günther Gutknecht und Günter Krapp

**Günther Gutknecht**

Realschullehrer i. R.
Veröffentlichungen zu
Literatur und Musik

**Günter Krapp**

Realschullehrer
Veröffentlichungen zu
Literatur und Methodik
Referent für Literatur und Methodik

**Titelbild:**

Streichholz ©Egdar Löhr – FOTOLIA

**Umschlag hinten:**

Fünf vor zwölf ©Patrizier-Design – FOTOLIA
Auspuff/$CO_2$ ©De Vice – FOTOLIA
Steckdose/Geld ©Christian Jung – FOTOLIA
Industriesmog ©Kurt Duchatschekc – FOTOLIA
Tanken ©Surrender – FOTOLIA
Müll ©Gerhard Führing – FOTOLIA

**Szenenfotos aus der Inszenierung der Badischen Landesbühne Bruchsal, Übersicht über die Darsteller/-innen S. 73:**

Günter Krapp



3. Auflage (2017)
ISBN 978-3-932609-91-6 Bestell-Nr. L991

*Herstellung, Satz und Layout:*

Krapp & Gutknecht Verlag GmbH – Werkstatt für kreativen Unterricht, 88450 Illerbachen/Berkheim

Telefon: (08395) 93034
Fax: (08395) 93035
info@krapp-gutknecht.de
www.krapp-gutknecht.de



Bibliografische Information der Deutschen Nationalbibliothek:
Die Deutsche Nationalbibliothek verzeichnet diese Publikation in der Deutschen Nationalbibliografie; detaillierte bibliografische Daten sind im Internet über http://dnb.d-nb.de abrufbar.

## Ein Abenteuer

Kinder, die in einem funktionierenden sozialen Umfeld aufwachsen, sind von Natur aus mehr als nur neugierig auf alles, womit sich andere, insbesondere die Erwachsenen, beschäftigen. Das ist an sich eine Binsenweisheit! Es ist nun eine Herausforderung für uns Erwachsene – die Eltern, die Lehrer – diese natürliche Neugier der Kinder auf alles, was unsere Welt zu bieten hat, zu erhalten und zu fördern, also auch die Neugier auf Theater.

Theater, Theater spielen ist ein abenteuerliches Terrain – faszinierend und atemberaubend. Gerade die Produktion zu Max Frischs „Biedermann“ lieferte unserem Verlagsfilmteam eine Kostprobe davon. Einige Wochen vor dem anvisierten Aufnahmetermin trafen wir in Bruchsal ein zu Sondierungsgesprächen mit der Regisseurin Frau Brandsdörfer und Frau McCormick, der Chefdramaturgin der Bühne. Wir hielten Interviews fest und schauten einer Probe zu und hatten ehrlich gesagt kaum eine Vorstellung davon, wie denn das Ganze aussehen sollte – außer der Tatsache, dass es interessant zu werden versprach. Vier Wochen später kamen wir zur Generalprobe, weil wir vor allem die Bühne und den Raum zwecks Aufnahmemöglichkeiten checken mussten. Wir erkannten bei dieser Gelegenheit manches, was wir von unserem ersten Besuch im Gedächtnis hatten, nur schwerlich wieder. Die Konzeption war geschlossen, das Spiel ein ganz anderes – zumindest scheinbar. Unsere Vorstellungen von schon gesehenen Aufführungen verflüchtigten sich aus unseren Köpfen – das war jetzt unser „Biedermann“!
Zu den Aufnahmen kamen wir, als die Truppe das Stück schon sechs- oder siebenmal gespielt hatte. Sie spielte wie aus einem Guss – ein Glücksfall, so eine Produktion machen zu können.

Und hier sind wir an dem Punkt angelangt, wo die Neugier von jungen Menschen zu packen ist. Im Theater spielen reale Menschen an einem realen Ort. Eine Aktion auf der Bühne ist unumkehrbar, weil sie real in der wirklichen Zeit abläuft. Das ist das Abenteuerliche, das Faszinierende. Um die Unwägbarkeiten unter diesen Bedingungen so klein wie möglich zu halten, bedarf es weitreichender und vorausschauender Planungen und Vorbereitungen, Teamarbeit und Kommunikationsfähigkeit. So ist Theater ein fortwährender Prozess, der die Wirklichkeit nicht abbildet, sondern verfremdet und damit zu einer geistigen Herausforderung macht, einer abenteuerlichen Herausforderung.

Wir danken der Badischen Landesbühne Bruchsal, Intendant Carsten Ramm, Verwaltungsleiter Norbert Kritzer, Frau Luisa Brandsdörfer, Frau Christina McCormick, Frau Ilka Kops, allen Mitarbeitern hinter den Kulissen und allen Schauspielern für dieses Abenteuer.

*Günther Gutknecht*
*und das Film-Team des Krapp & Gutknecht Verlags*
*mit Fabian Krapp und Günter Krapp*

**Max Frisch, „Biedermann und die Brandstifter“**
Inszenierung der Badischen Landesbühne Bruchsal
mit Zusatzmaterial zu Regie, Dramaturgie und Ausstattung
**Bestell-Nr. DVD 990**

# Biedermann und die Brandstifter

## 1. Analyse

### 1.1 Die Lehre eines *Lehrstücks ohne Lehre*

Hannes Höchsmann als „Biedermann" in der Inszenierung der Badischen Landesbühne

Mit Beginn des Gansessens (vor Szene 6) wendet sich Biedermann an die Zuschauer[1] und bittet sie um eine Antwort auf die Frage: *„Seit wann (genau) wissen Sie, meine Herren, daß es Brandstifter sind?"* (S. 67). Die Frage ist doch eher rhetorisch, denn der Zuschauer weiß es von Anfang an – und Biedermann auch! Das Stück ist so angelegt – man denke nur an den Titel – dass es darüber keinen Zweifel gibt. Das belegt auch der Chor am Ende, wenn er deklamiert:

*„Was nämlich jeder voraussieht*
*Lange genug,*
*Dennoch geschieht es am End:*
*Blödsinn,*
*Der nimmerzulöschende jetzt,*
*Schicksal genannt."*

Mit seiner in dieser Rede gestellten Frage und vor allem mit der nachgereichten Erklärung[2] bekundet Biedermann einmal mehr seine Unfähigkeit, auf das, *„was jeder voraussieht"*, zu reagieren. Seine eigentlichen Motive werden jedenfalls nicht klarer. Und vielleicht sind auch diese Motive zumindest für Frisch unwichtig. Man mag Biedermanns Psyche zu analysieren versuchen und feststellen, dass sein Handeln oder besser sein Nichthandeln von Mangel an Zivilcourage, von Angst und schlechtem Gewissen bestimmt wird. Angst hat er sicher vor der Konfrontation mit dem körperlich überlegenen Schmitz. Angst hat er aber auch vor den Konsequenzen einmal in Gang gesetzter Handlungen. So erklären sich vielleicht auch seine verbalen Attacken, welche in sich zusammenfallen, als er sich mit der Realität konfrontiert sieht:

*„Sagen Sie ihm, ich werde ihn eigenhändig vor die Tür werfen, wenn er nicht verschwindet."*
Und als Schmitz Sekunden später hinter ihm steht, verliert er vor Verblüffung seine Zigarre und ist nur noch zu einem hilflosen *„Sagen Sie mal –"* fähig.

Schmitz hat dies alles von Anfang an durchschaut, denn er hat Biedermann am Stammtisch bei seinen Tiraden beobachtet. So spielt er im wahrsten Sinne mit dessen Schwächen:

*„Herr Biedermann brauchen keine Angst zu haben"*, sagt er gleich zweimal, um später anzudeuten, was geschieht, wenn sich ihm einer in den Weg stellt: *„[...] da packt so ein Herr, der noch nie gerungen hat, unsereins am Kragen – Wieso? frag ich und dreh mich bloß um, bloß um ihn anzublicken, schon hat er die Schulter gebrochen."* (S. 12)

Die Seitenangaben beziehen sich auf die Textausgabe Max Frisch, „Biedermann und die Brandstifter", edition suhrkamp 41.

Schmitz hält Biedermann einen Spiegel vor, wenn er dessen Stammtischforderungen zitiert *„Aufhängen sollte man sie"* und damit die Inkonsequenz dieser Aussagen offenlegt. Mehr noch, er bestärkt Biedermann, wenn er nicht müde wird zu versichern *„Männer wie Sie, Herr Biedermann, das ist's, was wir brauchen* [...] *Sie haben noch eine positive Einstellung* [...] *Sie haben noch Zivilcourage"* (S. 14) und lullt ihn damit ein, denn Schmitz ist es gerade,

[1] Genau genommen richtet Biedermann diese Rede an den Chor der Feuerwehrleute, worauf seine Anrede *„meine Herren"* schließen lässt. Da der Chor aber hier nicht sichtbar ist, mag sich (auch) der Zuschauer angesprochen fühlen. Die Anrede ist dann so ein weiterer Beweis für Biedermanns chauvinistisches Spießertum.

[2] *„Es kommt eben nicht so, meine Herren, wie Sie meinen – sondern langsam und plötzlich ... Verdacht! Das hatte ich sofort, meine Herren, Verdacht hat man immer – aber Hand aufs Herz, meine Herren: Was hätten Sie getan, Herrgottnochmal, an meiner Stelle? Und wann?"*, Max Frisch, „Biedermann und die Brandstifter", edition suhrkamp 41, S. 67.

der Menschen wie Biedermann braucht, um seine Vorhaben zu verwirklichen – Menschen ohne Zivilcourage, ohne Mumm für Entscheidungen, Menschen mit einem schlechten Gewissen. Auch das weiß Schmitz für sich zu nutzen:

> *„Wenn einer ein Gewissen hat, so ist es meistens ein schlechtes ..."*

Biedermanns schlechtes Gewissen macht ihn anfällig, wenn es um Menschlichkeit geht, auch das hat Schmitz sehr rasch begriffen:

> *„Wenn Sie ein Unmensch wären, Herr Biedermann, dann würden Sie mir heute Nacht kein Obdach gewähren, das ist mal klar."*

Vorausgegangen ist hier die Szene, wie Biedermann seinen Geschäftspartner Knechtling bemerkenswert kaltschnäuzig abserviert. Bezeichnenderweise beauftragt er Anna damit, diese Abweisung auszuführen. Auch hier scheut er wieder die direkte Konfrontation, wenn Anna dies erledigen muss.

Aber greifen wir hier die eingangs gestellte These wieder auf, dass Frisch all diese Erklärungsversuche zu Biedermanns Handeln vielleicht nicht so wichtig waren. Was für ihn möglicherweise nur zählte, ist der Umstand, dass eine Katastrophe zugelassen wird, die man zu jedem Zeitpunkt hätte verhindern können, ja mehr noch, welche man durch eigenes Zutun erst ermöglicht. Das Stück veranschaulicht damit lediglich die lapidare Kenntnis (nicht Erkenntnis!) – also das Wissen darum – dass der Mensch wider besseren Wissens Dinge geschehen lässt und mitmacht, welche ihn ins Unglück stürzen. Damit erweisen sich die Menschen nicht nur als unempfänglich für Kassandra-Rufe, wie es dieser alte Mythos seit Jahrhunderten lehrt, mehr noch, wir sind die Zuschauer unseres eigenen Untergangs und suggerieren uns, dass dem nicht so ist.

Von daher bekommt auch der paradoxe Untertitel *Ein Lehrstück ohne Lehre* seinen eigentlichen Sinn. Damit wird auch offensichtlich, dass ein Transfer auf die Vorgänge der Nazi-Zeit, der die Rezeptionsgeschichte vor allem in Deutschland kennzeichnet, zwar naheliegt, aber genau genommen eine unzulässige Verengung der Problematik darstellt[3]. Offensichtlicher ist in unserer Zeit ein Transfer auf die Probleme, welche uns Menschen heute auf den Nägeln brennen und welche im Verlaufe der nächsten dreißig bis fünfzig Jahre sichtbar und spürbar immer größer werden – und deren Bewältigung wir Menschen insgesamt nicht wirklich und ernsthaft in Angriff nehmen wollen: die globale Klimaveränderung, die sichtbar gewordene Endlichkeit unserer Ressourcen und das Anwachsen der Weltbevölkerung auf über neun Milliarden bis zum Jahr 2050.
Die Warnungen vor einer globalen ökologischen Katastrophe reichen nun schon rund dreißig Jahre zurück, und es braucht hier nicht darüber sinniert zu werden, ob wir sie ernst genommen haben. Es zeigt sich gerade in diesem Zusammenhang eine geradezu beispielhafte Parallele zu Frischs „Biedermann". Schon in der Burleske heißt es:

> *„[...] aber du willst Ruhe, wie gesagt, und also bleibt dir nichts anderes übrig, als keinen Verdacht aufkommen zu lassen."*[4]

Auf die Warnungen global zu reagieren hieße demnach, für Unruhe zu sorgen, die Menschen zu verunsichern, Ängste zuzulassen, weil damit mit ziemlicher Sicherheit ein Zeitalter großer Unsicherheit begänne, mit Einbußen individueller Freiheiten und Freiräume,

---

[3] Bekanntermaßen waren es die Vorgänge von 1948 in der damaligen Tschechoslowakei, welche zur Machtübernahme der Kommunisten führten, die Frisch zu seiner Burleske direkt im Anschluss an den Tagebucheintrag zu diesen Vorgängen inspirierten. Ausgehend von dieser Burleske schrieb Frisch dann die Hörspielfassung „Herr Biedermann und die Brandstifter". Erst nach der ersten Aufführungen der Theaterfassung in Frankfurt bezog die Kritik das Stück auf das Dritte Reich.

[4] Max Frisch: Tagebuch 1946–1949. Suhrkamp Verlag, 1950

Einbußen des Lebensstandards und der Existenzsicherheit. Gleichzeitig wüchse der Kampf einiger Unbelehrbarer um die verbleibenden Ressourcen und führte so zu weltweiter politischer Instabilität – es sei denn, die Menschen wären sich über den Weg einer Lösung alle einig. So geschieht tatsächlich nichts wirklich Bewegendes, weil das Noch-Funktionieren des Systems Ruhe verschafft.

Zu dieser Problematik in Frischs „Biedermann" gesellt sich nun noch ein Umstand, der von den Rezipienten und Rezensenten zwar gesehen wurde, der aber angesichts der unüberschaubaren Zahl an Publikationen zu wenig Beachtung gefunden hat: Hellmuth Karasek nennt es „die verlorene Identität von Wort und Welt"[5], Werner Weber „die verdorbene Sprache",[6] wenn Biedermann und seine Frau nie sagen, was tatsächlich gemeint ist, im Gegenteil. „Ihre Sprache dient nicht der Darstellung sondern der Verstellung. [...] Wo Biedermann Vertrauen vorschützt, ist er von Misstrauen zerfressen. Und es ist nur seine Feigheit, die ihn einerseits blind macht, andererseits seiner Untätigkeit die nötigen Phrasen und Tugenden als Beschwichtigungen und Rechtfertigungen in den Mund legt".[7] Dieses Missverhältnis von Denken und Sprechen durchzieht das gesamte Stück. Als Biedermann morgens ins Büro geht, wischt er mit unzulässigen Klischees die Bedenken und Ängste seiner Frau beiseite:

> *„Wenn man jedermann für einen Brandstifter hält, wo führt das hin? Man muß ein bißchen Vertrauen haben, Babette, ein bißchen Vertrauen –"* (S. 24)

Vergessen wir hier nicht, dass ihm Schmitz am Abend zuvor genau dies eingeredet hat:

> *„Wo führt das noch hin, wenn keiner mehr dem andern glaubt? Ich sag immer: Wo führt das noch hin, Kinder? Jeder hält den andern für einen Brandstifter, nichts als Mißtrauen in dieser Welt. Oder hab ich nicht recht?"* (S. 16)

Babette wiederum, die zugibt, die ganze Nacht nicht geschlafen zu haben, verspricht – natürlich ist das Biedermann recht – Schmitz nach dem Frühstück wegzuschicken. Als Schmitz dann beim Frühstück den Gekränkten spielt, tut sie alles, damit dieser nicht geht:

> *„Ich schicke Sie gar nicht fort, mein Herr, das habe ich ja gar nicht gesagt. Was habe ich denn gesagt? Sie mißverstehen mich wirklich, Herr Schmitz, das ist ja furchtbar. Was kann ich denn tun, daß Sie mir glauben?"* (S. 29)

So könnte man nun Beispiel an Beispiel reihen, die Einladung zum Gansessen, als Zeichen der Freundschaft und Verbundenheit, in Wahrheit Ausdruck nackter Angst und der damit verbundenen Hoffung auf Schonung. Die Aufforderung an Anna, Damasttischdecke, Messerbänkchen und Kandelaber wegzuräumen, um Einfachheit vorzuspielen, die dann wieder hervorgeholt werden müssen, als Eisenring bemerkt, dass sie fehlen. Es ist offensichtlich, dass Schmitz dieses Spiel auf seine Weise mitmacht und für seine Zwecke zu nutzen weiß. Auch er verstellt sich, auch er sagt nicht, was er meint oder besser, er sagt, was Biedermann oder Babette gerne hören.

Diese „verdorbene Sprache" suggeriert, verschleiert bzw. lügt, verharmlost Ungeheuerliches, lässt die Wahrheit unglaublich erscheinen, arbeitet mit versteckten Drohungen, biedert sich an und erweckt Mitleid mit sentimentalen Phrasen.

---

[5] Hellmuth Karasek „Biederman und die Brandstifter" in: *Über Max Frisch,* hrg. von Thomas Beckmann. edition suhrkamp 404, Frankfurt 1971, S. 139

[6] Werner Weber „Biedermann und die Brandstifter" in: *Dichten und Trachten,* Heft 12 1958, zitiert in Hellmut Karasek a.a.O.

[7] Hellmuth Karasek a.a.O.

Folgende Beispiele mögen diese Sachverhalte stellvertretend veranschaulichen:

Suggestion: *„Sie sind der erste Mensch in dieser Stadt, der unsereins nicht wie einen Brandstifter behandelt."* (S. 16)

Verschleierung/Lüge: *„Ja ... Was ich nämlich habe sagen wollen: Meine Frau und ich, vor allem ich – ich dachte nur: Wenn es Ihnen Freude macht ... Ich will mich nicht aufdrängen! – wenn es Ihnen Freude macht, Herr Eisenring, zu einem netten Abendessen zu kommen, Sie und der Sepp –"* (S. 58)

Verharmlost Ungeheuerliches: *„Verbrannt* (Zirkusdirektor) *mit seinem ganzen Plunder ..."* (S. 15)

Wahrheit ist unglaubwürdig:

| | |
|---|---|
| BABETTE | *„Jetzt aber im Ernst, meine Herren, was soll das alles?"* |
| BIEDERMANN | *„Im Ernst! sagt sie! Hören Sie das? Im Ernst! ... Laß dich nicht foppen; Babette, ich hab's dir gesagt, unsere Freunde haben eine Art zu scherzen [...] Es fehlt nur noch, daß sie mich um Streichhölzchen bitten!"* (S. 69) |

Versteckte Drohung:

| | |
|---|---|
| BIEDERMANN | *„Was soll ich tun, daß Sie mir glauben?"* |
| EISENRING | *„Geben Sie uns Streichhölzchen."* |
| BIEDERMANN | *„Was – soll ich?"* |
| EISENRING | *„Wir haben keine mehr."* |
| BIEDERMANN | *„Ich soll –"* |
| EISENRING | *„Ja. Wenn Sie uns nicht für Brandstifter halten.* |
| BIEDERMANN | *Streichhölzchen?"* |
| SCHMITZ | *„Als Zeichen des Vertrauens, meint er."* (S. 81) |

Indentifikation/ Anbiederung: *„Jetzt ist er richtig, unser Wein."* (S. 20)

Mitleid erwecken: *„Ich zählte sieben Jahr, als meine Mutter starb ..."* (S. 29)

Interessant in diesem Zusammenhang ist, dass Eisenring von ganz anderem Kaliber ist. Er kaschiert nichts, seine Sprache ist klar und eindeutig. Das gilt für solch einfache Aufforderungen wie

> *„Wenn ich offen sein darf, Herr Biedermann [...] Sie sollten hier nicht rauchen."* (S. 56)

ebenso wie für die Zurechtweisung Schmitz' nach dessen „Jedermann"-Szene:

> *„Knechtling! Ausgerechnet. Ein alter und treuer Mitarbeiter von Herrn Biedermann, stell dir das vor: Heute begraben [...]."* (S. 77)

*„Ein alter und treuer Mitarbeiter"*, den – so kann der Zuschauer ergänzen – Biedermann sich nicht scheute zu liquidieren.
Diese Sprache kommt nicht von ungefähr, entspricht sie doch Eisenrings Vorstellung von perfekter Tarnung:

> *„Wir lernen das. [...] Scherz ist die drittbeste Tarnung. Die zweitbeste: Sentimentalität. Was unser Sepp so erzählt: Kindheit bei Köhlern im Wald, Waisenhaus, Zirkus und so. Aber die beste und sicherste Tarnung (finde ich) ist immer noch die blanke und nackte Wahrheit. Komischerweise. Die glaubt niemand."* (S. 54)

So gesehen ist „Biedermann und die Brandstifter" tatsächlich weniger eine Parabel dafür, dass wir Menschen wissentlich unsere Katastrophen ermöglichen und geschehen lassen,

**Anmerkung:**
Biedermanns Einladung wird von der nackten Angst regiert. Wenige Sekunden zuvor wurde er bleich, als Eisenring darauf hinweist, dass alle verloren seien, wenn es losgehe, auch die, die keinen Humor haben.

**Anmerkung:**
Biedermann erträgt die Wahrheit nur noch, wenn er sie als Scherz erklärt. Babette versucht deutlich zu machen – wenn auch vergeblich – dass sie ihm nicht nur nicht folgen kann, sondern dass das alles andere als ein Scherz ist, wenn sie diesen „Witz" nicht begreift.

**Anmerkung:**
Es gibt offensichtlichere Beispiele für versteckte Drohungen, wie jene von Schmitz (gebrochene Schulter). Doch auch hier droht Eisenring damit, dass er Biedermann eventuell nicht glauben will und dass damit dessen gesamte Beschwichtigungsstrategie nebst Freundschaftszusicherung zusammenbrechen könnte.

es ist ein Lehrstück dafür, dass der Mensch ein fundamental gebrochenes Verhältnis zu seiner eigenen Identität entwickelt hat, weil er die Wahrheit, wie er (der Mensch) tatsächlich ist und wie die Welt beschaffen ist, als unerträglich empfindet. So verbirgt er die wirkliche Welt, die Wirklichkeit bzw. sein Ich hinter einer verlogenen Sprache, sodass er letztlich nur noch mit dieser Sprache umzugehen imstande ist. Die Wahrheit selbst wird damit unglaubwürdig oder sie wird als Scherz deklariert, weil es außer der Lüge de facto nichts mehr gibt. Dieses gebrochene Verhältnis zur eigenen Identität implementiert ein Wunschbild des eigenen Ichs wie auch ein Bild von der Wirklichkeit, welches objektiven Kriterien kaum standhalten kann. So glaubt Biedermann tatsächlich an seine Menschlichkeit *„Herrgottnochmal"* und ist deshalb umso empfänglicher gegenüber Schmitz' Schmeicheleien, setzt man voraus, dass sein Unterbewusstsein auf das Missverhältnis von Sein und Schein reagiert. Er glaubt auch an das Bild von den Brandstiftern, denen er diese, seine Menschlichkeit, glaubhaft machen kann und muss, und die deshalb die damit angetragene Freundschaft zu schätzen wissen und ihm so Schonung gewähren.

So findet Frischs lebenslange Suche nach der eigenen Identität – kein Wunder – auch in diesem Stück seinen Niederschlag. Das Bildnis, das der Mensch von der Welt und vor allem von sich selbst als Illusion der Wirklichkeit geschaffen hat und penetrant aufrechterhält (Tagebuch), hindert ihn, dieses Ich zu erkennen und anzunehmen.

Friedrich Dürrenmatt

Das Fatale an der ganzen Sache ist schließlich und endlich nicht Biedermanns Schwäche oder sein geradezu erbärmlicher Charakter. Figuren wie diese begleiten die Menschheitsgeschichte seit Anbeginn. Sie finden sich auf der Theaterbühne seit den Tagen Molières zuhauf und halten uns, den Zuschauern, einen Spiegel vor, vor dem wir schmunzeln, weil wir uns im Zerrbild der Komödie wiedererkennen können. Fatal ist, dass dieser erbärmliche, selbstgerechte Spießer ein Bild von sich geschaffen hat und dieses in seine Welt projiziert, ein Bild, das ihn glauben lässt, ein guter Mensch zu sein. In diesem Glauben bestimmt bzw. entscheidet er das Schicksal dieser Welt, ein Schicksal, welches paradoxerweise genau dem Gegenteil dessen entspricht, was er eigentlich will oder zumindest zu wollen vorgibt. Dürrenmatt lässt grüßen!

Das ist kein Zufall. In keinem anderen Stück ist die Nähe zu dem schweizer Komödien-Strategen so spür- bzw. erlebbar. Diese Nähe reicht von den grotesken Figuren, über die schon angesprochene Paradoxie der Handlung bis zum Einsatz des „Sophokles-Antigone"-Chores, den wir ebenso als parodistisches Element in der „Alten Dame" finden. Details wie die kulinarische Szenerie des Gansessens erinnern an die „Physiker" oder gar an den „Romulus". Die Sprache, über die an dieser Stelle schon einiges gesagt wurde, ist von entwaffnender Komik, denken wir nur an den Eingangsdialog (Biedermann / Schmitz), der verwirrend logisch Biedermann zur Handlungs- und Orientierungslosigkeit treibt, so, wie wir das von Inspektor Voss kennen, dem auf ähnliche perfide Art und Weise klargemacht wird, dass er niemanden verhaften kann, schon gar keinen Täter oder gar Kriminellen, sodass er nur noch fragen kann, ob er selbst verrückt sei. Die Parabel-Komödie ist im dürrenmattschen Sinn auch tragisch. Die Protagonisten Biedermann und Babette sind hier Opfer ihrer eigenen Wahn-Wahrnehmung und -Vorstellung, und so sind sie seitens Eisenring und Schmitz kalkulierbar wie die „Physiker", seitens Dr. Mathilde von Zandt in Les Cérisiers.

Das hat natürlich seine Vorgeschichte, denn Dürrenmatt und Frisch hatten ursprünglich die Idee, zu dem „Biedermann"-Stoff jeweils ein Theaterstück an einem Abend aufzuführen. Dürrenmatts Beitrag sollte ein „Knechtling"-Stück werden. Warum es letztlich nicht dazu kam, kann nur vermutet werden. Tatsächlich war aber nun Frischs „Biedermann" für ein abendfüllendes Programm zu kurz. So schrieb er den Einakter „Die große Wut des Philipp Hotz", der dann zusammen mit dem „Biedermann" uraufgeführt wurde.

## 1.2 Kommentare zu Form und Inhalt

Die sechs Szenen, welche Frisch aus der Burleske (von ital.: *burlesco* dt.: *scherzhaft)* geschaffen hat, entwickeln das Geschehen geradlinig auf das von Anfang an vorgezeichnete Ende hin. Der Chor der Feuerwehrleute leitet diese Szenen jeweils ein, mit Ausnahme der sechsten. Stattdessen wendet sich Biedermann hier an diesen Chor *(„meine Herren")* ohne dass dieser optisch zumindest zugegen ist. Genau genommen ist aber der Chor immer präsent und beobachtet und kommentiert das Geschehen. Damit stellt sich die Frage nach der Funktion des Chores generell. Denn das, was er im Verlaufe der Handlung in Anlehnung an den „Antigone"-Chor paraphrasiert und kommentiert, ist so offenkundig, dass es wohl kaum einer zusätzlichen Hervorhebung bedarf.[8]

Die erste Choreinlage vor Szene 1 thematisiert drei Sachverhalte:

- Der Chor (die Feuerwehr) späht, horcht, um Gefahren aufzudecken, dafür wird er (sie) ja auch bezahlt.
- Vernunft und Wachsamkeit kann viel Gefahr vermeiden, denn nicht jede Gefahr ist Schicksal (also unabwendbar).
- Dennoch ist jede Form von Wachsamkeit, Vorsicht und Vernunft machtlos gegen den „Blödsinn".

In der Bruchsaler Inszenierung übernehmen die Rollenspieler/-innen selbst den Chor. Näheres dazu von der Regisseurin Luisa Brandsdörfer im Kapitel 1.6.

Damit ist alles, was nun auf der Bühne geschieht, skizziert bzw. kommentiert: Hier geschieht etwas, was sich jeglicher menschlicher Vernunft entzieht – aber nichts Schicksalhaftes oder gar Metaphysisches. Es ist „Blödsinn" oder anders ausgedrückt, das Geschehen entspringt der menschlichen Unvernunft oder Dummheit und Blindheit. „Blödsinn" und „Schicksal" greift der Chor am Ende wieder auf:

> *„Was nämlich jeder voraussieht*
> *Lange genug,*
> *Dennoch geschieht es am End:*
> *Blödsinn,*
> *Der nimmerzulöschende jetzt,*
> *Schicksal genannt."* (S. 85)

Von links: Manfred Rieger, Susanne Meyenburg, Christiane Nothofer, Cornelia Heilmann

Diese Unvernunft, diesen „Blödsinn" demonstriert Biedermann gleich bei seinem ersten Erscheinen (vor dem ersten Chor): *„Nicht einmal eine Zigarre kann man sich heutzutage anzünden, ohne an eine Feuersbrunst zu denken!* [...] *das ist ja widerlich –"*. Danach macht er sie nicht einfach aus, sondern er versteckt sie. Fazit: Nicht das Rauchen als solches ist feuergefährlich, sondern unter welchen Umständen, in welcher Umgebung das geschieht. Das Verstecken, Kaschieren einer unvernünftigen Handlung ändert an den möglichen Folgen dieser Handlung gar nichts. Dies alles ist klar und offensichtlich, aber dennoch geschieht es nicht nur hier auf der Bühne.

Die 1. Szene zeigt die Hauptfigur von Beginn an in ihren für den weiteren Verlauf der Handlung fatalsten Verhaltenweisen und Eigenschaften, Inkonsequenz und Spießertum[9]:

---

[8] Eine 10. Klasse der Realschule Bad Wurzach reagierte während einer Videovorführung von „Biedermann und die Brandstifter" auf Gottlieb Biedermanns Nichthandeln immer ungehaltener. Während der 3. Szene, als Biedermann auf die Frage des Polizisten, was er denn in den Fässern habe, mit *„Haarwasser"* antwortet, protestierten sie gar lauthals – „Das gibt's doch gar nicht!" – und sie wollten danach dieses „unrealistische" Stück gar nicht zu Ende sehen.

[9] Ein Spießer ist ein Mensch mit engem bzw. begrenztem geistigen Horizont, was nicht heißen muss, dass er ungebildet ist. Er hat keine Zivilcourage, gibt Klischeemeinungen von sich und verhält sich auch sonst im Rahmen der üblichen Klischees, selbst wenn dies im Einzelfall auch mal unvorteilhaft für ihn ist. Wenn er einen anderen Menschen verurteilt, tut er das mit der Selbstsicherheit und Selbstgefälligkeit eines Menschen, der sich stets sicher ist, dass er selbst nie in die Lage dessen kommt, den er verurteilt. Ein Spießer will auch nicht wahrhaben, dass er möglicherweise selbst genau die Eigenschaften besitzt, die er beim anderen verurteilt. So projiziert er nicht selten fortwährend sein negatives Ich auf andere.

Der „Hausierer“, den Biedermann eigenhändig hinauswerfen will, soll schließlich im Foyer warten, er ist ja kein Unmensch. Als dieser ungefragt vor ihm im Wohnzimmer steht, ist er handlungsunfähig, seine Äußerungen werden phrasenhaft unverbindlich. Aggressiv wird Biedermann wieder, als Knechtling vor der Türe steht.[10] Auf der anderen Seite lässt er es zu, dass sich Schmitz einnistet. Während er Biedermann einerseits mit Komplimenten einlullt – *„Männer wie Sie, Herr Biedermann, das ist's, was wir brauchen!“* (S. 14) – droht er ihm andererseits unverhohlen mit seiner Körperkraft als Ringer. Anna gegenüber verhält er sich offen fordernd, ja geradezu unverschämt und kaschiert dies mit *„Nur keine Umstände“* (S. 13). Man darf hier nicht übersehen, dass Biedermann selbst dies alles provoziert, indem er ohne Notwendigkeit Schmitz eine Zigarre anbietet. Am Ende entspricht es seiner grotesken Logik, dass er Schmitz Obdach gewährt, schließlich hat ihm dieser das schon suggeriert:

> *„Daß Sie mich nicht einfach am Kragen packen, Herr Biedermann, um unsereinen einfach auf die Straße zu werfen – hinaus in den Regen! – sehen Sie, das ist's, Herr Biedermann, was wir brauchen: Menschlichkeit.“* (S. 19)

Bezeichnend für Biedermanns Charakter ist schließlich noch, dass seine Frau, die gerade kommt, davon nichts mitbekommen soll. *„Meine Frau ist herzkrank“* ist wohl eine Schutzbehauptung, in Wahrheit weicht er einer Auseinandersetzung aus – wie immer übrigens – und stellt sie lieber am nächsten Morgen vor vollendete Tatsachen. Das Versprechen, das er Schmitz noch abnimmt, kein Brandstifter zu sein, und das er dann am nächsten Morgen seiner Frau gegenüber als Rechtfertigung benutzt, mutet geradezu lächerlich und naiv an.

Der zweite Auftritt des Chores verweist noch einmal auf seine Aufgabe zu wachen und darauf, dass ein Anruf genüge, damit er seiner Aufgabe nachkomme. Doch noch ist in dieser Nacht nichts geschehen, noch nicht, obwohl es Menschen gibt, die Angst haben und deshalb nicht schlafen können.[11]
Biedermann entzieht sich am Beginn der 2. Szene der Verantwortung und überträgt, oder besser, überlässt sie seiner Frau. Er beschwichtigt ihre Furcht, dass Schmitz ein Brandstifter sein könne, denn er habe ihn ja danach gefragt. Babette hält ihren Mann für zu gutmütig und will Schmitz nach dem Frühstück wegschicken. Soweit kommt es aber nicht, weil sie von Anfang an eingeschüchtert ist, und als Schmitz den Gekränkten spielt, weil er keine Manieren habe, kann sie nicht zulassen, Ursache dieser Kränkung zu sein. So relativiert sie alles Gesagte bzw. Angedeutete solange, bis Schmitz sich wieder an den Tisch setzt. Ihr Vorhaben, ihn nach dem Frühstück wegzuschicken, hat sie „vergessen“. Dafür steht nun Schmitz' Freund an der Tür, der Willi, *„der wird Augen machen“*.

Die 3. Chorszene stellt lakonisch fest *„Nun aber sind es schon zwei, / Die unseren Argwohn erwecken“*. Danach thematisiert der Chor die Angst. Angst lässt straucheln, hemmt also das eigene Tun und macht *„blinder als blind“* – *„zitternd vor Hoffnung, es sei nicht das Böse“*. Damit ist jedes weitere Verhalten von Gottlieb und Babette Biedermann vorweggenommen und erklärt.
Die anschließende 3. Szene könnte man als Schlüsselszene deuten, denn hier wird unwiderlegbar klar, was die Brandstifter wirklich wollen und was sie ausführen werden, solange sie niemand daran hindert. Biedermann wird sie nicht hindern, auch das wird offensichtlich.

---

[10] Man bedenke hier, Knechtlings Auftreten (wie auch das seiner Witwe später) ist demütig, bittend, also das Gegenteil dessen, was Schmitz kennzeichnet.
**Anmerkung dazu:** Vielleicht sollte Knechtling sich etwas von Schmitz aneignen, um bei Biedermann Erfolg zu haben.

[11] Der Zuschauer sieht während der Chor-Einlage Babette, die Geräusche hört und deshalb vor Angst nicht schlafen kann. Offensichtlich hat ihr Mann sie nicht informiert, was inzwischen geschehen ist, was er – gezwungenermaßen – am Morgen, wohl auf die Geräusche angesprochen, nachholen und erklären muss. Darauf lässt der erste Satz der Szene schließen: „– *zum letzten Mal: Er ist kein Brandstifter!“*

Am Beginn der Szene gehen die beiden Brandstifter der Frage nach, was zu tun sei, wenn Biedermann die Polizei riefe. Eisenring – der Neue, Sepps Freund, wie er später sagt, ist überzeugt, dass Biedermann das unterlässt, weil er selbst strafbar sei: *„Jeder Bürger ist strafbar, genaugenommen, von einem gewissen Einkommen an.“* Diese scheinbar saloppe Beschuldigung ist hintergründiger, als es zunächst scheint. Biedermann hat es allem Anschein nach zu einigem Wohlstand gebracht, darauf verweisen seine Requisiten in der Wohnung, auch dass er sich ein Hausmädchen wie Anna leisten kann, und sie, wenn ihm danach ist, herumkommandiert. Diesen Wohlstand verdankt er, wie er glaubt, seiner *„kaufmännischen Leistung“* (S. 25), in Wahrheit hat er einen Mitarbeiter ausgebeutet und dann ausgebootet. Diese Tatsache wird ihn am Ende dieser Szene sozusagen einholen und angesichts der gleichzeitigen Präsenz von Brandstiftern und Polizei völlig handlungsunfähig machen.
Zunächst aber spielt er den völlig aufgebrachten Hausherrn und will Schmitz wegen des Gepolters während der Nacht sofort hinauswerfen. Sein Vorhaben fällt in sich zusammen, als er Eisenring bemerkt: *„Wieso, meine Herren, wieso sind Sie plötzlich zwei?“* [12] Zwar nimmt in der Folge sein Ärger und sein wütender Wortschwall zu, als er die Benzinfässer bemerkt, doch seine Strategie, die Brandstifter ständig zu befragen, ist wirkungslos. Diese spielen nämlich die Naiven oder geben Vorwürfe und Fragen weiter *„Antworte, wenn der Herr dich fragt!“* oder *„Weißt du's Willi? wo sie* (die Fässer) *herkommen?“*. Und sie lenken ab: Auf Biedermanns fassungsloses *„Mein ganzer Dachboden voll Fässer – gestapelt, geradezu gestapelt!“* meint Eisenring lakonisch, dass sich der Sepp verrechnet habe, der Dachboden sei zu klein (deshalb müssen die Fässer wohl gestapelt werden), und er begründet das alles damit, dass er seine Fässer nicht auf der Straße lassen könne, was Biedermann wiederum verstehen müsse.
In der Zwischenzeit hat sich ein Polizist bei Anna gemeldet, der Biedermann sprechen möchte, während Biedermann bei seinen aufgebrachten, wirkungslosen Fragen bleibt:

> *„Benzin!?“ – [...] Ist das wahr? [...] Glauben Sie eigentlich, ich kann nicht lesen? [...] Was ist in diesen Fässern? [...] Ist das Benzin oder ist das kein Benzin? [...] Sind Sie eigentlich wahnsinnig? [...] Was denken Sie sich eigentlich?“* (S. 39/40)

Als der Polizist vor der Dachbodentür steht, wird das ganze Dilemma des Spießers Biedermann sichtbar: Er müsste jetzt wohl erklären, wie er es zulassen konnte, dass diese Fässer wie auch die beiden „Existenzen“ auf seinen Dachboden gelangen konnten. Zudem sieht er sich mit dem Selbstmord seines Mitarbeiters Knechtling konfrontiert, dem er im Beisein Schmitz' (siehe 1. Szene) geradezu aufgetragen hat, sich unter den Gashahn zu legen. So gerät die Erklärung auf die Frage, was denn in den Fässern sei, zur Posse. Biedermanns Ende – wohlgemerkt nicht Schicksal – und das der Stadt ist damit besiegelt.
Vor Szene 4 beschwört der Chor zum letzten Mal die Wachsamkeit und damit die Klugheit des Bürgers angesichts der Gefahr, die er sieht und beklagt zugleich *„Was aber, wenn wer nicht will?“*. Anschließend stellt der Chor Biedermann zur Rede, warum er die Benzinfässer auf seinem Dach dulde. Biedermanns Antworten sind nicht einmal Rechtfertigungen, es sind Phrasen und Ausflüchte nebst Rückzug auf das Recht, innerhalb seines Eigentums tun und lassen zu können, was er will. Schließlich wiederholt er seine Glaubenssätze an das Vertrauen in den Menschen, welche in Wahrheit nichts als Verdrängungen sind, denn er hat in der Nacht aus purer Angst kein einziges Auge zugetan.

[12] **Hinweis auf eine Ungereimtheit:**
Wie ist es möglich, dass Biedermann davon nichts mitbekommen hat und somit völlig überrumpelt und damit entwaffnet wird? Hier hat wohl Babette eine Art „Retourkutsche“ gestartet und ihrerseits ihren Mann nicht informiert, dass nach dem Frühstück ein Mann von der Feuerversicherung, mit Frack bekleidet, – man stelle sich das nur einmal vor! – das Haus angesehen habe. Entweder hat sich Babette nicht weiter um diesen Herrn gekümmert, was angesichts ihrer Ängste unwahrscheinlich erscheint, oder sie hat es zugelassen, dass sich auch dieser Herr auf dem Dachboden einnistet. Immerhin hat ihn Schmitz angekündigt: *„Der Willi!“*

Der Chor wiederum weiß dieses Verhalten nicht zu deuten und kommentiert es mit *„Hoffend, es komme das Gute / Aus Gutmütigkeiten, / Der nämlich irrt sich gefährlich“*. Biedermann spielt den Nichtverstehenden und Ahnungslosen, und als der Chor klar und deutlich sagt *„Uns nämlich dünkte, es stinkt nach Benzin“*, riecht er nichts und bezeichnet dessen Wehklagen als „Defaitismus“.

In Verlaufe der folgenden Szenen steigert sich die mit dem Ende der 3. Szene beginnende Posse geradezu haarsträubend. Biedermann klopft höflich an die Dachbodentür, um die Brandstifter zum abendlichen Gansessen einzuladen, was er zuvor seiner Frau Babette vorgeschlagen hat, damit er die beiden als Freunde gewinnen könne. Er findet aber nur Eisenring vor – Schmitz besorgt Holzwolle. Eisenring sucht gerade eine Zündkapsel, was Biedermann als Scherz begreift. Eisenring sagt ihm aber, das alles ist kein Scherz, sondern die nackte Wahrheit, die aber niemand glauben wolle und somit die beste Tarnung darstelle.

In der Zwischenzeit ist (unten in der Stube) die Witwe Knechtling von Anna empfangen worden, die offenbar Biedermann sprechen möchte, während auf dem Dachboden Biedermann Eisenring beim Verlegen der Zündschnur hilft, was er später seiner Frau beim Essen als *running joke* „verkauft“. Schließlich wird er seine Einladung zu Gans mit Rotkohl los, welche Eisenring mit Vergnügen annimmt.

An dieser Stelle taucht eine dritte Brandstifter-Figur auf, der Dr. phil., wohl ein Intellektueller. Derjenige, der die Brandstiftungen mit einer Weltanschauung rechtfertigt, was ihn für Eisenring suspekt macht, da dieser aus Freude brennt und sengt.[13]

Vor der 5. Szene zeigt sich der Chor der Feuerwehrleute für ein Feuer vorbereitet. Dazwischen wendet sich Babette an das Publikum, orakelt, dass die Samstagsglocken vielleicht zum letzten Mal zu hören sind, erklärt noch einmal, was die Einladung der *„Halunken“* bezwecken soll. Sie glaubt immer noch, dass ihr Gottlieb *„einfach zu gutmütig“* sei. Danach beschreibt der Chor den mit *„einer Brille“* (Dr. phil.) als einen, bei dem die Mittel (so hofft dieser) den Zweck heiligen, der im Brennstoff eine Idee sieht.

In der folgenden Szene erteilt Biedermann Anna genaue Anweisungen, wie das schlichte Abendessen auszusehen habe, eine Groteske, bei der es wieder einmal nur um den Schein geht – eine Groteske, die dann kaum noch zu toppen ist, als später Eisenring das alles wieder anfordert, was jetzt Anna als Requisiten einer „besseren Gesellschaft“ abräumen muss – *„Nur keine Klassenunterschiede!“*.

Als endlich Babette mit dem an Gottlieb Biedermann adressierten Kranz nebst falsch beschrifteter Schleife und falsch ausgestellter Rechnung erscheint, ist die Narretei perfekt. *„Das nehmen wir nicht an. Kommt nicht in Frage! Das müssen die ändern –“* ist hier kein Protest mehr, sondern nur noch Ausdruck von Hilflosigkeit. Am Ende der Szene erfährt man von den Brandstiftern, dass ihnen Streichhölzer fehlen. *„Müssen ihn darum bitten“*, meint Schmitz und der Zuschauer weiß jetzt schon, dass Biedermann diese Bitte nicht abschlagen wird bzw. kann.

Statt des Chores vor Szene 6 tritt – wie schon angesprochen – Biedermann an die Rampe. Letztendlich weiß der Zuschauer das alles schon, was Biedermann hier von sich gibt, dass sein Handeln für ihn selbst vor einer Woche noch nicht vorstellbar gewesen wäre und dass er von Anfang an Verdacht gehabt habe. Seine Fragen sind Scheinfragen, die Antworten müssen für jeden klar sein: Es war von Anfang an klar, dass seine Gäste Brand-

[13] Man kommt nicht umhin, diese Figur als Fehlgriff bzw. als „aufgesetzt“ zu deuten. Sie hat keinerlei Profil, hat auch nichts bis kurz vor Schluss zu sagen. Am Ende verkündet dieser Dr. phil. dann in einer Art Manifest seine Distanzierung zu den laufenden Ereignissen – zu wenig, um wirklich überzeugend zu sein. Letztendlich ist es für das Stück selbst unerheblich, aus welchen Motiven heraus die Brandstifter zu Werke gehen, denn die Intention des Stückes thematisiert Reaktion und Verhalten angesichts einer drohenden Brandstiftung.

stifter sind und jeder von uns an seiner Stelle hätte verhindern müssen, was jetzt geschieht.

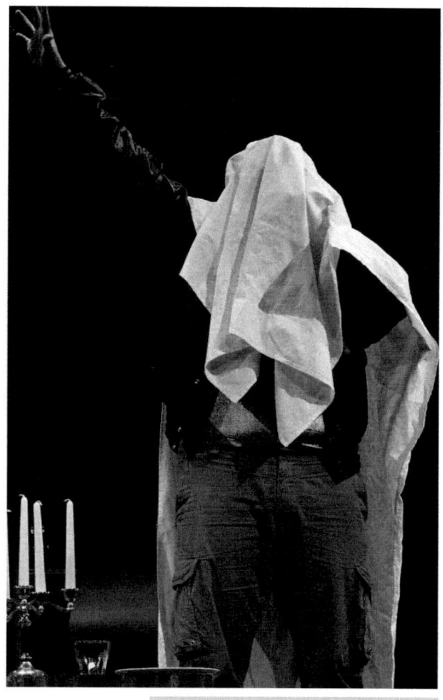
Paul Steinbach als Geist

Im Zentrum der Schluss-Szene steht Schmitz' „Jedermann"-Parodie. Bis es soweit ist, ulkt Biedermann über Scherze (Putzfäden), die eigentlich keine sind, gibt es das schon angesprochene Hin und Her mit Damasttischdecke, Fingerschalen und Messerbänkchen, und erzählt Eisenring anekdotenhaft von seinem niedergebrannten Hotel-Etablissement, was seine Verhaftung zur Folge hatte und damit seine Karriere im Gefängnis förderte. Als Anna einen Dr. phil. ankündigt, von dem sie nicht versteht, was er will, lenken die beiden Brandstifter ab, zunächst mit den silbernen Kandelabern, die Biedermann von Anna „verstecken" ließ, und schließlich mit dem Hinweis, dass der Sepp nach Köhlerhütte, Waisenhaus und Zirkus beim Theater (auch niedergebrannt) landete. Nun muss er – so will es Eisenring – einen Geist spielen. Dazu stülpt er ihm die Damasttischdecke, die Sepp als Serviette getragen hat, über den Kopf. Er spielt den Geist aus „Jedermann" (Hugo von Hoffmannsthal) und Babette und Gottlieb Biedermann outen sich als Bildungsbürger *„Das haben wir in Salzburg gesehen"* (S. 76).[14]

Zum Eklat kommt es, als Schmitz, der Geist, auf die endlich gestellte Frage, wer er sei, antwortet: „ICH BIN DER GEIST – VON KNECHTLING" (S. 77). Es zeigt sich nun, wie brüchig die Fassade aller Beteiligten ist, auch die der Brandstifter. Der Schock bei Biedermann und seiner Frau sitzt tief, das weiß auch Eisenring, und er muss befürchten, die Kontrolle, welche er bisher souverän über die gesamte Szenerie hatte, zu verlieren. Er geht nach bewährtem Prinzip vor und stellt sich wie schon in der ersten Dachbodenszene scheinbar auf die Seite Biedermanns, nennt Schmitz einen Idioten und verweist darauf, dass

> *„[...] unser Gottlieb getan hat, was er konnte, für diesen Knechtling. Vierzehn Jahre hat er ihm Arbeit gegeben, diesem Knechtling, das ist der Dank –"* (S. 78)

Es wurde schon darauf hingewiesen, wie zweideutig gerade diese Äußerungen zu Knechtling sind.

Die Situation wird erst durch Schmitz selbst gerettet, mithilfe einer kaum zu überbietenden Banalität. Sein *„Fuchs, du hast die Gans gestohlen"* endet mit *„Sonst wird dich der Jäger holen* [...] *Mit dem Scheißgewehr"* (S. 78). Das bringt Biedermann wieder in Laune. Doch kaum hat sich alles entspannt, überschlagen sich die Ereignisse. Sirenen schrecken die Biedermanns wieder auf, künden das nahe Ende an, denn jetzt wollen die Brandstifter gehen, nicht ohne eine geradezu zynische Offenlegung ihrer Pläne – *„Ihr Haus, Herr Biedermann, liegt sehr günstig* [...] *warum nicht offen darüber reden?"* (S. 80). Biedermann

[14] In der Burleske des Tagebuchs liest Biedermann im Bett zur Beruhigung „Das Apostelspiel" von Max Mell, – „jene Legende, die uns die Kraft des rechten Glaubens zeigt, mit einer Befriedigung, die das Schlafpulver fast überflüssig macht". Hellmuth Karasek a. a. O., S. 139.
Bildung ist also bei den Biedermanns eine Pose, eine Haltung, die man sich leistet – ab einem gewissen Einkommen – wie silberne Sektkübel, Kandelaber und Messerbänkchen. Sie hat keinerlei Konsequenz hinsichtlich der eigenen Weltanschauung oder gar des eigenen Handelns. Sie führt schon gar nicht im Sinne Schillers zu einem besseren Menschen, die Katharsis der tragischen Handlung bleibt somit aus. So gesehen verbirgt sich darin Frischs eigene Skepsis gegenüber seinem Tun auf der Bühne. Ein *Lehrstück ohne Lehre,* gewiss.
Übersehen darf man in diesem Zusammenhang auch nicht, dass Frisch mit diesen Anspielungen sein Spiel mit dem Zuschauer treibt: Immerhin rechnet er damit, dass der Bildungsbürger im Auditorium die Thematik des „Jedermann" kennt oder davon gehört hat, wenn nicht gar (auch) in Salzburg gesehen hat. Mehr noch, der „Antigone"-Chor schlägt in die gleiche Kerbe, der Insider gar wird die Verfremdungen erkennen. Wird er sich dabei auf die Schulter klopfen oder wird dies vielleicht bei manchem eine Art Beklemmung auslösen, weil er sich dabei ertappt hat, dass sich auf dem Papier oder in der Kunstform des Theaters all diese Gedanken und Ideen wunderbar anhören – aber ohne Konsequenz bleiben für ihn selbst?

winselt regelrecht um Akzeptanz, um Glaubwürdigkeit, und gibt so sein letztes Pfand aus der Hand, die Streichhölzer, was er noch wenig zuvor beim Anzünden der Kandelaber verhindern konnte. Schließlich trinkt er auch noch Brüderschaft mit den beiden.
Jetzt tritt Dr. phil. in die Szene, beginnt seine Distanzierung vorzulesen, was aber im folgenden Lärm der Sirenen und Detonationen untergeht. Babettes vorwurfsvolle Frage an ihren Mann, ob er *„denen"* Streichhölzer gegeben habe, wischt er beiseite:

> *„Wenn die wirklich Brandstifter wären, du meinst, die hätten keine Streichhölzer? ... Babettchen, Babettchen!"* (S. 84)

Der abschließende Chor beginnt parodierend mit den berühmten Versen des Eingangsliedes aus Sophokles' „Antigone":

> *„Sinnlos ist viel, und nichts*
> *Sinnloser als diese Geschichte:*
> *Die nämlich, einmal entfacht,*
> *Tötet viele, ach, aber nicht alle*
> *Und änderte gar nichts."* (S. 85)

Geht es bei Sophokles um die Größe des Menschen, um seine rationalen wie schöpferischen Fähigkeiten, welche ihn in seiner Triebhaftigkeit zum Größenwahn wie auch zur Demut, zum Guten und zum Bösen treiben, und der seine Erfüllung dann findet, wenn er die göttlichen Gesetze achtet und erfüllt, so holt Frisch diese Verse – zumindest inhaltlich – auf die Ebene des „Fuchs, du hast die Gans gestohlen" herunter. Damit macht Frisch einmal mehr deutlich, dass die Rhetorik der Wächter wie ihr Tun – ihre Wachsamkeit – wirkungslose Posen sind, weil des Menschen „Blödsinn" wider jeglicher Vernunft nichts anderes zulässt.

Babette (Susanne Meyenburg) und Biedermann (Hannes Höchsmann) – der Himmel ist der einzig denkbare Ort, wo sie sein können

## 1.3 Das Nachspiel

Das Nachspiel in der Theaterfassung der Badischen Landesbühne Bruchsal ist stark gekürzt. Es beschließt anstelle des „Antigone"-Chores die Bühnenhandlung.
Frischs für die deutsche Erstaufführung nachgereichtes Nachspiel hat einen zu deutlichen Zeitbezug, wenn hier die uniformierten Verbrecher zum Ärger von Teufel und Belzebub vom Himmel amnestiert werden (Rehabilitation von Nazi-Größen und Industrieller wie z. B. Krupp seitens der Amerikaner), als dass es so in unserer Zeit gespielt werden kann. Deshalb reduziert sich das Ganze auf die Uneinsichtigkeit Biedermanns selbst nach der Katastrophe, an dem ganzen Geschehen auch nur irgendwie beteiligt zu sein oder gar dafür Verantwortung übernehmen zu müssen. So ist klar, dass Biedermann mit seiner Babette nur im Himmel sein kann. Seine zweifelnde, besorgte Frau beruhigt er: *„Nur jetzt nicht den Glauben verlieren"*.

## 1.4 Übersicht zu Form und Inhalt

| Chor | Szene 1 | Chor | Szene 2 | Chor | Szene 3 | Chor |
|---|---|---|---|---|---|---|
| *späht,<br>horcht,<br>machtlos gegen „Blödsinn"* | Biedermann gibt einem Obdachlosen Obdach (Schmitz) | *Aufgabe zu wachen; nichts ist geschehen* | Babette Biedermann kann Schmitz nicht wegschicken;<br>zweiter Obdachloser (Eisenring) | *„Nun aber sind es schon zwei";<br>Argwohn* | Biedermann will Schmitz hinauswerfen (Lärm in der Nacht).<br>Er ist handlungsunfähig (zweiter Obdachloser);<br>Polizei teilt Selbstmord von Knechtling mit | *beschwört Wachsamkeit, Klugheit;<br>stellt Biedermann zur Rede, Biedermann weicht aus* |
|  | **Exposition** |  |  |  | **Höhepunkt und Wendung** |  |

| Szene 4 | Chor | Szene 5 | Biedermann | Szene 6 | Nachspiel |
|---|---|---|---|---|---|
| Biedermann lädt zum Essen ein; Eisenring verlegt Zündschnur, Biedermann hilft dabei<br><br>Dr. phil. (dritter Brandstifter) legt Brände nicht aus Freude | *für ein Feuer vorbereitet* | Vorbereitung:<br>Gansessen;<br>Babette hat dunkle Vorahnungen;<br>Knechtlings Kranz für Biedermann | *Hatte Verdacht –<br>„Was hätten Sie getan und wann?"* | Gansessen;<br>„Jedermann"-Szene;<br>Sirenen;<br>Dr. phil. distanziert sich;<br>Biedermann gibt Streichhölzer;<br>Explosionen | Biedermann und Babette –<br>Unklarheit über ihren Verbleib<br>„Nur nicht den Glauben verlieren" |
| **Katastrophe** |  |  |  |  | **Bruchsaler Inszenierung** |

## 1.5 „Radikal undramatisch"
oder
## Warum ein Theater heute „Biedermann und die Brandstifter" spielt

Christina McCormick, Chefdramaturgin der Badischen Landesbühne

Christina McCormick

Max Frisch ist nicht sehr häufig auf den Spielplänen deutschsprachiger Theater vertreten. Warum? Sind seine Stücke altmodisch oder zu parabelhaft? Warum wird „Biedermann und die Brandstifter" dann aber in der Schule behandelt, und das wohl seit über zwanzig Jahren, als ich ihn selbst im Deutschunterricht las? Gefallen haben mir damals schon Frischs trockener Humor und die Figur des Biedermann, die sich konsequent falsch verhält. Er rennt stur und offenen Auges ins Unheil – und ist selbst schuld daran. Warum tut er das?

Hinter Biedermanns Verhalten lassen sich psychologische Strukturen erkennen, die heute unserer Gesellschaft (leider) nicht fremd geworden sind und deshalb auf unseren Spielplan gehören. Bevor Frisch 1952 das Hörspiel „Biedermann und die Brandstifter" verfasste, schrieb er 1948 in seinem ersten Tagebuch eine Burleske[15], die als Rohmaterial für das Theaterstück von 1957 gelten kann.

In dieser Posse, die den Leser mit „Du" anspricht – den Leser also in die Rolle des späteren Biedermann steckt – wird dasselbe Handlungsgerüst wie im Theaterstück entworfen. Das dialogische Du gibt einem Eindringling trotz seiner Bedenken wegen Brandstifterei Unterschlupf. Der Erzähler kommentiert das Geschehen zweimal mit:

> *„Und am andern Morgen, siehe da, steht das Haus noch immer! – Deine Zuversicht, dein Glaube an den Menschen [...] hat sich bewährt."*

Auch wenn das fiktive Du im Verlauf der Geschichte stets als zweifelnd und ängstlich beschrieben wird, scheint doch dessen Glaube an den Gutmenschen in sich und um sich bestätigt. Zumindest klammert es sich daran solange wie möglich fest – bis das Gegenteil bewiesen ist.

Biedermanns Motivation, den fremden Schmitz als Gast bei sich aufzunehmen, ist zudem durch ein Schuldgefühl motiviert. Er hat seinen Angestellten Knechtling, der sich selbst getötet hat, mehr oder weniger auf dem Gewissen. Würde man da einen Menschen wie Schmitz aus dem Haus werfen, der einem schmeichelhaft den Bauch pinselt? Sowohl das fiktive Du aus Frischs Burleske als auch Biedermann schieben die Gefahr beiseite und „glauben", dass alles gut endet. Trotzdem ängstigen sie sich und suchen krampfhaft in der Realität Beweise gegen ihre Angst. Sie handeln beide gegen ihren Instinkt, der ja objektiv richtig ist, und damit gegen das Gefühl der Bedrohung. Aber sie werden bedroht, sogar mit dem Leben.

Darüber hinaus wird ihnen das Unheil auch ohne Scheu durch Worte und Taten fortwährend offenbart.

Als Eisenring und Schmitz Benzinfässer auf Biedermanns Dachboden stapeln, bleibt Biedermann zwar das Wort im Halse stecken, aber er vertreibt sie nicht. Und als ihm Eisenring sogar höchstpersönlich ihre Strategie verrät –

> *„[...] die beste und sicherste Tarnung ist immer noch die blanke und nackte Wahrheit. Komischerweise. Die glaubt niemand."* [16]

und kurz danach vor seinen Augen die Zündschnur auslegt, hält es Biedermann für einen Witz. Er will es für einen Witz halten, und zwar so lange, bis sein Haus tatsächlich

---

[15] Max Frisch: Tagebuch 1946–1949. Frankfurt/M. 1950, S. 214 ff.

[16] Max Frisch: „Biedermann und die Brandstifter", Szene 4. In: Max Frisch: *Sämtliche Stücke*. Frankfurt/M. 1995, S. 457.

brennt. In Frischs Burleske kommentiert der Erzähler zum Schluss die Katastrophe in einer zynischen Wendung seiner wiederholten Zwischenbemerkung:

> *„[...] und am andern Morgen, siehe da, bist du verkohlt und kannst dich nicht einmal über deine Geschichte verwundern [...]“*[17]

Die Dramaturgie der Burleske und des Theaterstückes „Biedermann und die Brandstifter“ läuft auf ein eindeutiges Ziel hinaus: die Katastrophe. Erstaunlich ist nur, dass sie dem Zuschauer von Anfang an bekannt ist.[18] Der Chor besingt das Unheil schon vor Beginn der Handlung. In ironischer Anlehnung an den Chor der Antike ist bei „Biedermann und die Brandstifter“ der Chor aktiver Part des Geschehens. Er besteht aus Feuerwehrmännern. Sie weisen permanent auf die Gefahr hin, die im Raum schwebt, beklagen aber nicht das Schicksal, sondern Biedermanns Dummheit. In seinen Nachbemerkungen zu „Biedermann und die Brandstifter“ meinte Frisch:

> „Der Chor ist nicht parodistisch gemeint, nur komisch. Der antike Chor, der die Stadt (und insofern die Zuschauer) vertritt und auf der Bühne wacht, beschwichtigt und warnt, ohne wirklich eingreifen zu können, wenn Kreon (aus Sophokles' „Antigone“, Anm. d. Verf.) sich blindlings ins Unheil begibt, hat mich immer an die brave Feuerwehr erinnert, die auch nichts machen kann, bevor's brennt, und dann ist es ja – in der Tragödie und heute – zu spät.“ [19]

In Luisa Brandsdörfers Inszenierung besteht der Chor aus den Gegenspielern Biedermanns. Babette, das Dienstmädchen Anna, Witwe Knechtling, der Polizist und Dr. phil. nehmen in ihren Figuren am Geschehen teil und treten immer wieder nach vorne oder an die Bühnenbegrenzung, um im Chor die Ereignisse zu kommentieren. Auch wenn sie sich als „Feuerwehrmänner“ in die Handlung einmischen und Biedermann warnen, bleibt dies folgenlos. Als „verkleidete“ Figuren der Handlung verstärkt der Chor der Feuerwehrmänner das Wissen um das bevorstehende Unheil. Biedermanns Ignoranz der Tatsachen wird vergrößert.

Eine weitere dramaturgische Zuspitzung mag im „Nachspiel“ liegen, das an der Badischen Landesbühne in einer gekürzten Version gespielt wurde. Max Frisch schrieb das „Nachspiel“ 1958, nahm es aber später wieder aus seiner Fassung. Es zeigt Biedermann „posthum“ in der Hölle mit seiner Frau Babette. Diese bezeichnet sich und ihren Mann als Opfer, und Biedermann kann sich keineswegs eingestehen, dass er falsch gehandelt hat. Er hält so stur an seinem guten Glauben fest, dass er selbst nach der Explosion nicht die Folgen seines Verhaltens erkennt. Er hat nichts gelernt, was vielleicht den ironischen Untertitel *Ein Lehrstück ohne Lehre* untermauert. Es mag der Kommentar Max Frischs dahinterstehen, dass selbst nach dem Tod keine höhere Erkenntnis für Biedermann möglich ist. Und trotzdem führt uns Frisch in seinem Nachspiel bis zu diesem Punkt – als ob er seiner Figur Biedermann bis zum Schluss die „fiktive“ Chance geben möchte, sein Verhalten zu ändern. Frisch schrieb in seinem „Tagebuch“:

> „Die Fabel, die den Eindruck zu erwecken sucht, dass sie nur so und nicht anders habe verlaufen können, hat zwar immer etwas Befriedigendes, aber sie bleibt unwahr. [...] Jeder Versuch, ihren Ablauf als den einzigmöglichen darzustellen und sie von daher glaubhaft zu machen, ist belletristisch; es sei denn, man glaube an

---

[17] Max Frisch: Tagebuch 1946–1949, S. 219.

[18] Max Frisch bezeichnete „Biedermann und die Brandstifter“ selbst als „radikal undramatisch“. In: Max Frisch: *Nachbemerkungen zu Biedermann und Hotz, Gesammelte Werke,* Bd. 4, Jubiläumsausgabe, Frankfurt/M. 1986, S. 456.

[19] a.a.O.; Anmerkung: Wie Frisch das gemeint hat, ist eine Sache, wie es beim Zuschauer ankommt, eine andere. Wer den „Antigone“-Chor kennt bzw. diesen im „Biedermann“-Chor wiedererkennt, deutet dies zwangsläufig als Parodie. Die Parodie wird dann in der Regel als komisch empfunden.

> die Vorsehung und somit (unter anderem) auch an Hitler. Das tue ich aber nicht. So bleibt, damit eine Geschichte trotz ihrer Zufälligkeit überzeugt, nur eine Dramaturgie, die eben die Zufälligkeit akzentuiert." [20]

In diesem Sinne hätte Biedermann immer wieder die Chance gehabt, seinen Fehler zu erkennen. Und wie oft wird er vom Chor gewarnt! In der Tat gibt es einige (wenn auch nicht relevante) Umstände, die ihn von einer Kehrtwendung abhalten, wie z. B. die Angst vor dem Polizisten wegen Knechtlings Selbsttötung oder sein schlechtes Gewissen zu Beginn des Stückes.

Ausschlaggebend ist aber vielmehr Biedermanns bewusste Vorstellung von sich selbst und der Welt. Er will sich als hilfsbereiten Menschen verstehen und will, dass Schmitz kein Brandstifter ist, selbst wenn alles objektiv darauf hindeutet. Max Frisch formulierte in seinem Tagebuch:

> „Wir sind Verfasser des andern; wir sind auf eine heimliche und unentrinnbare Weise verantwortlich für das Gesicht, das sie uns zeigen, verantwortlich nicht für ihre Anlage, aber für die Ausschöpfung dieser Anlage. [...] Wir halten uns für den Spiegel und ahnen nur selten, wie sehr der andere seinerseits eben der Spiegel unseres erstarrten Menschenbildnisses ist, unser Erzeugnis, unser Opfer –" [21]

„Biedermann und die Brandstifter" ist sehr vielfältig interpretiert worden, u. a. auch als Versuch einer Erklärung für den Aufstieg Hitlers in Deutschland. Diese politische Dimension fußt aber auch auf Frischs Doktrin von „Du sollst dir kein Bildnis machen."[22] Sie gilt für den täglichen Umgang miteinander, sei es in der Schule, bei der Arbeit, in der Familie, bei Freunden, gesellschaftspolitisch und politisch – gerade darum ist das *Lehrstück ohne Lehre* auch heute noch so faszinierend.

Max Frisch hat sich Zeit seines Lebens in seinen Theaterstücken, Romanen und Tagebüchern mit Fragen der Identität befasst. Man kann sogar sagen, dass ihn sein Interesse an der Frage „Was bin ich?" zum Schreiben geführt hat. Diese Auseinandersetzung wird auch in „Biedermann und die Brandstifter" deutlich.

Die Biedermann-Figur ist ein Prototyp des Spießers, was der „telling name" schon sagt. Sogar seine Angst, spießig zu erscheinen, dient als Beleg jener Sortenklasse. Sie ist auch Motor für Biedermanns Fehlverhalten, da sie Motivation ist, bei den Brandstiftern „locker" und „freundlich" und nicht „bieder" zu erscheinen. Vielleicht wäre ein „verkrampftes" Verhalten für Biedermann sogar hilfreicher gewesen?

Max Frisch äußerte sich über diese Angst:

> „Auffällig ist die Angst, ein Spießer zu sein; man wird kaum einem Deutschen begegnen, der dieses Wort nicht schon im ersten Gespräch braucht. Spießer, gemeint als Gegenstück zum geistigen Menschen. [...] Die Heidenangst, ein Spießer zu sein, und das Missverständnis, das darin schon enthalten ist, die Bemühtheit, sich in den Sphären des Ewigen anzusiedeln, um auf der Erde nicht verantwortlich zu sein, die tausend Unarten voreiliger Metaphysik – ob das für die Kultur nicht gefährlicher ist als alle Spießer zusammen?" [23]

---

[20] Max Frisch: Tagebuch 1966–1971. Frankfurt/M. 1979, S. 87.

[21] Max Frisch: Tagebuch 1946–1949, S. 29.

[22] Max Frisch: Tagebuch 1946–1949, S. 29.

[23] Max Frisch: Tagebuch 1946–1949, S. 289 f.

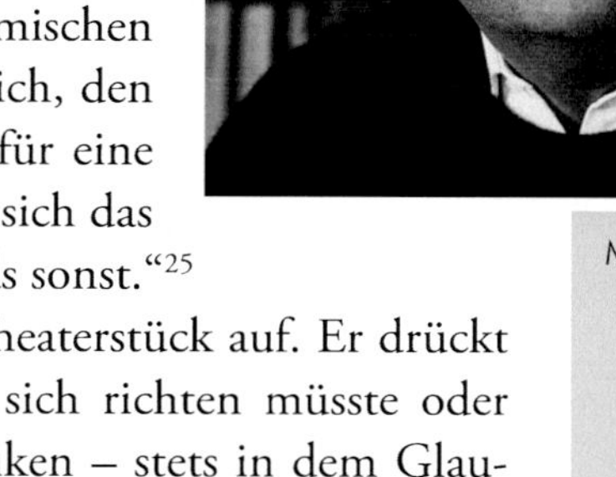

Max Frisch

Und doch – oder gerade deshalb – setzte sich Frisch intensiv mit dem sogenannten Spießertum auseinander. Er bekannte sich zeitweilig selbst dazu und unterzog sich einem Bewusstseinsprozess der „Entspießerung".[24] Es gehörte zu seinem autodidaktischen „Erziehungsprogramm". Aus einer kleinbürgerlichen Familie stammend, studierte Frisch zunächst Germanistik und trat dann in die beruflichen Fußstapfen seines Vaters – er wurde Architekt und Bildungsbürger. In einer dynamischen Selbstsuche entdeckte Frisch den kritischen Intellektuellen in sich, den Autoren. Die Auseinandersetzung mit sich selbst hielt Frisch für eine zentrale Aufgabe für jeden Menschen: „[...] Und doch vollzieht sich das menschliche Leben oder verfehlt sich am einzelnen Ich, nirgends sonst."[25]
Zu dieser Art von Verantwortung ruft Max Frisch in seinem Theaterstück auf. Er drückt dem Zuschauer keine (eindeutige) Lehre auf, nach der man sich richten müsste oder könnte, sondern überlässt dem Publikum seine eigenen Gedanken – stets in dem Glauben, dass Änderungen möglich sind, denn: „Der einzige Vorfall, der keine Variante mehr zulässt, ist der Tod."[26] Seinem Biedermann ließ er im „Nachspiel" in der Hölle sogar diese Chance. Doch leider umsonst.

[24] Zu dem Begriff „Entspießerung" bei Max Frisch siehe auch: Thomas Barfuss: *Konformität und bizarres Bewusstsein. Zur Verallgemeinerung und Veraltung von Lebensweisen in der Kultur des 20. Jahrhunderts.* Hamburg 2002, S. 135 ff.

[25] Max Frisch: *Gesammelte Werke,* Bd. 5. Frankfurt/M. 1976, S. 68.

[26] Max Frisch: Tagebuch 1966–1971, S. 87.

Luisa Brandsdörfer

## 1.6 Luisa Brandsdörfer zu ihrer „Biedermann"-Inszenierung

### Was reizt eine Regisseurin, den „Biedermann" zu inszenieren?

Eine Parabel hat nicht den Anspruch, realistisch zu sein, denn sie stellt Dinge aus, genauso wie die Bühne, auf der die Darsteller agieren, die immer ein Ort des Surrealen ist. Besonders die Theaterform der Parabel gibt unendlich viele Möglichkeiten des künstlerischen Ausdrucks, das hat mich bei „Biedermann" formal gereizt. Der Chor, der dem Geschehen etwas Antikes gibt, dann der Sprachwitz, die absurden Momente, all das lässt mir die künstlerische Freiheit mit dem Ensemble Stilelemente zu vermischen und eine eigene Bühnenrealität zu schaffen. Der „Biedermann" lädt förmlich dazu ein, mit den traditionellen Theaterkonventionen zu brechen. Das Ensemble hat diese Einladung angenommen und wir sind in dem uns zur Verfügung stehendem Zeitraum sehr spielerisch und improvisatorisch an das Stück herangegangen. So entsteht eine Vielschichtigkeit im Spiel, sodass – was auch immer passiert – ob der Stuhl umfällt oder ein Satz vergessen wird – die Schauspieler darauf reagieren können. Dadurch dass die einzelnen Rollen mehr als nur diese Szenen, wie sie jetzt gesehen werden, „erlebt" haben, sind die Schauspieler ungebundener im Spiel, und es gibt Raum um Situationen neu zu entdecken und zu erleben. Diese „Frische" wird auch vom Publikum bemerkt.

Inhaltlich gibt es viele Parallelen mit der heutigen Gesellschaft. Häufig wird „Biedermann und die Brandstifter" als Parabel auf den Nationalsozialismus verstanden, für mich geht es weiter, nicht nur politisch, sondern auch gesellschaftlich sind wir alle Biedermänner. Ein Kind verhungert in der Nachbarschaft, keiner will es gesehen haben, Andersartige werden verprügelt, der Rassismus treibt wieder neue Blüten, Jugendliche schließen sich aus dem Klassenverband aus und planen Amokläufe, keiner sieht hin.

Das ist für mich das Brisante an „Biedermann und die Brandstifter", ein Stück über die Ignoranz von Menschen, und vor allem auch über das Besserwissen und trotzdem Untätigsein.

### Wie bekommen Sie eine Vorstellung, ein „Bild" von Ihrer Inszenierung?

Das ist eine der schwierigsten Fragen, dicht gefolgt von „Woher kommt die Kreativität?". Es ändert sich mit jeder Inszenierung. Gleich ist dennoch immer, dass es Bilder sind, die mir während des Lesens kommen. Diese ersten Ansätze sind der „Angelhaken"; habe ich erst mal angebissen, leg ich den Text weg, denke aber über Situationen nach, Figuren, Räume. Und meist laufe ich dann mit dieser besonderen „Brille" durch die Welt. Manchmal träume ich Passagen, dann wieder denke ich, dass der Mensch mir gegenüber in der U-Bahn so ist oder sich so verhält.

Dann lese ich noch mehrmals den Text. Der nächste Schritt ist der Austausch mit dem Bühnenbildner und Dramaturgen, die Bilder werden klarer, die Bühne manifestiert sich. Das Warum und Wieso erhält eine Form. Der wichtigste und anregendste Schritt ist die Begegnung mit dem Schauspieler und dessen Ideen und Vorstellungen. Das Bild, was vormals Skizze war, bekommt Farbe, verändert auch manchmal die Form, da mir die durch die Schauspieler belebten Figuren wieder andere Ideen geben. Dieser Prozess ist erst mit der Premiere abgeschlossen, dann erst sehe ich das Bild in allen Einzelheiten vor mir, in dem Moment, in dem das Publikum es sieht und ich den Abend in die Hände der Schauspieler übergebe. Wenn ich als Zuschauer wieder zurückkomme und das Bild ist noch meines, (obwohl Zeit, die Schauspieler und die Reaktionen der Zuschauer es verändern) oder es hat sich sogar in meinem Sinn verbessert, ist das für mich ein Kompliment und eine Bestätigung. Somit ist die Metapher des Bildes nur richtig, wenn man von einem bewegten, sich immer leicht veränderndem Bild spricht, nicht von einem fertigen Gemälde.

### Welche Vorstellungen hatten Sie bei der Realisierung des Chors?

Mein Hauptaugenmerk galt der Doppelbesetzung vom Chor der Feuerwehrmänner und der braven Bürger um Biedermann herum. Abgestellt an der Seite warten Babette, Anna, Witwe Knechtling, Dr. phil. und der Polizist auf ihren Einsatz.

Mag Gottlieb Biedermann verblendet sein, so wissen es doch die Mitspieler besser oder ahnen es zumindest. Doch die Gegenwehr ist kraftlos, denn „wenn der Hausherr schweigt, weshalb sollten wir dann mucken?" ist die Devise.
Sie beobachten Gottlieb Biedermann genau, haben ebenso wie er, Einsicht in die Situation und intervenieren in Momenten, die ihnen wichtig sind. Ein allzu zaghaftes Eingreifen, durch und durch höflich und gesittet.
„Auf dem Teppich bleiben" ist ein Sprichwort, dass mich immer wieder an die Figuren erinnert hat. Voller Angst und Ahnungen springen sie auf ihr Spielfeld, dennoch reicht es nie um eine Änderung herbeizuführen. Eine allzu menschliche Eigenheit, die der warnende Chor der Feuerwehrmänner auch innehat. Die Feuerwehr kommt auch erst, wenn es zu spät ist. Und was ist eine Feuerwehr ohne Brand? Sie freuen sich auf ihren Einsatz, doch dann ist es schon zu spät. Diese Haltung, wenn die Nachbarn schon nichts tun, die Polizei, die Feuerwehr, der Staat, diese Form die Verantwortung abzugeben, ist der Kernpunkt dieses Stückes und die Doppelzüngigkeit von dem Wissen der Akteure und dem gleichzeitigen Warnen, dem Zuschauen und Untätigsein wird durch die Doppelbesetzung noch verdeutlicht.

**Warum lassen sie den Schlusschor aus dem Stück weg – dafür kommt ein Teil des Nachspiels?**

Die letzte Chorpassage hat mir für unsere Version des „Biedermanns" nicht viel Neues gegeben, es schien mir wie ein nervendes „ich hab's doch schon immer gesagt", na, und man denkt ja, wenn die schon gestorben sind, werden die wohl im allerletzten Moment verstanden haben, dass da was schiefgelaufen ist. Als ich das Nachspiel las, war ich baff, dass diese Einsicht nicht erfolgt ist. Babette und Gottlieb kümmern sich um einen Papagei und verschanzen sich in ihrem Selbstmitleid – „mein ganzer Schmuck ist geschmolzen". Es ist für mich die Höhe an Selbstbetrug und daher der Reaktion nach dem Zweiten Weltkrieg sehr ähnlich: „Wir haben nichts gewusst von Konzentrationslagern etc." Die Energie der Selbstlüge geht noch über den Tod hinaus.

**Worin sehen Sie Gründe für die Untätigkeit der Personen?**

Babette Biedermann, die Hausherrin: weiß sie etwas und schweigt? Sie stellt die Position ihres Mannes nicht infrage, gehorcht ihm, obwohl sie ihn auch fragt: „Warum hast du Knechtling entlassen?" Letztenendes ist sie aber nur so unbequem, wie die heutigen Warnungen, die uns zum zehnminütigen Nachsinnen und zur Lichterkettendemonstration bringen. Der Unmut wird geäußert, doch was passiert dann? Auf die Barrikaden geht sie nicht, um ihrem Schicksal zu entfliehen. Sie schmeißt Herrn Schmitz nicht hinaus, er spricht sie sogar darauf an, doch das „Gutdastehen" ist wichtiger als ihre begründete Angst. „Das macht man nicht" kommt mir bei Babette in den Sinn, sie stirbt aus Höflichkeit und gesellschaftlichem Anstand.
Anna scheint ebenfalls zu „wissen", zutiefst verstört reagiert sie auf die Brandstifter, sie hat Angst, wie sie sagt, doch auch sie hat ihren fest gefügten Platz im „Biedermann"-Haushalt und wagt nicht, dem gesunden Menschenverstand zu folgen. Annas Leben geht zu Ende durch die Entschuldigung, Angestellte zu sein, sie ist ja nur das Dienstmädchen.
Mit dem Auftritt des Polizisten spitzt sich die Situation zu, doch jedes Mittel ist recht, um die Wahrheit zu vertuschen, und jede noch so fadenscheinige Ausrede, wie das Haarwasser, das in den Fässern gelagert wird, gipfelnd in einen Werbesong, ist ihm gut genug um sie zu glauben. Der Polizist sieht das Gute im Menschen, und ist faul. In meiner Inszenierung ist sein Aufmerksam-

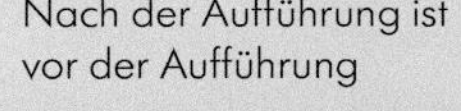
Nach der Aufführung ist vor der Aufführung

keitsfokus auf Anna gerichtet, er ist mit etwas anderem beschäftigt als mit der Wahrheit. Das persönliche Befinden ist wichtiger.
Doch alle haben ein Gewissen, vor allem ein schlechtes. Herr Knechtling ist entlassen, und hat sich wegen der Unmenschlichkeit Biedermanns umgebracht. Die Witwe Knechtling ist für mich das personifizierte schlechte Gewissen. Anna führt sie herein und lässt sie Platz nehmen. Selbst Gottlieb Biedermann wagt es nicht, sie hinauszuwerfen. Das Gefühl der Ungerechtigkeit setzt sich mitten in Biedermanns modernes Wohnzimmer. Die Witwe Knechtling hält sogar die Zündschnur, doch sie trauert um ihren Mann, alles andere ist unwichtig, vielleicht ist ihre Blindheit gegenüber der Situation sogar gewollt.

**Mit Bezug auf „Biedermann" sprechen Sie von der Manipulierbarkeit von Jugendlichen, auch davon, warum das Stück für Jugendliche so interessant ist.**

Es geht ja hier nicht nur um richtig und falsch, sondern auch um die Wahrheit. Die Frage ist doch: Worauf kann man vertrauen? Wahr ist, was wir als wahr anerkennen, aber es gab zu verschiedenen Zeiten verschiedene Wahrheiten. Die heutige Wahrheit wird im Internet geschrieben, nicht umsonst ist „Wikipedia" eine der erfolgreichsten freien Enzyklopädien – nun kann aber jeder einen Artikel schreiben, eine Wahrheit gibt es nicht, es herrschen viele Meinungen, und oftmals ist bei der Internet-Recherche das Design der Site ausschlaggebend für die Vertrauenswürdigkeit. Wir wissen, dass wir darauf nicht vertrauen können, dennoch tun wir es. Genau mit diesem Vorurteil spielen Schmitz und Eisenring. Und so gelangen sie auf den Dachboden und an den Tisch Biedermanns.
Gottlieb Biedermann will gut sein, sein Gewissen befreien, höflich sein, eine gute Tat vollbringen, aus schlechtem Gewissen über die Entlassung Knechtlings? Aus Prestigesucht? Um sich selbst zu gefallen? Aus Pflichtgefühl? Man will nicht vorurteilsbehaftet sein, es gehört sich nicht, über jemanden schlecht zu denken, nur weil er ärmlich – oder anders – aussieht. Das stimmt vollkommen. Ebenso aber stimmt es, dass man im Allgemeinen nicht davon ausgehen kann, dass ärmlich gekleidete Menschen gut sind, nur damit man sich selbst und anderen zeigt, dass man frei von Vorurteilen ist.
Was aber ist nun richtig? In „Biedermann und die Brandstifter" wird es nicht eindeutig gelehrt, *ein Lehrstück ohne Lehre* präsentiert uns die Antwort nicht auf einem Tablett. Es gilt, eigenständig nachzudenken, keine Pauschalisierung zuzulassen. Nicht den Medien zu vertrauen, die ein Produkt weißer waschen lassen als weiß, und reiner als rein.
Gerade deshalb halte ich dieses Stück für sehr interessant für Jugendliche, denn es ist unbequem, und unbequem sein kann nerven, kann aber auch anregen, sich seine eigene Sicht der Dinge anzueignen. Und jede neue Generation ist prädestiniert dafür, die „Alten" durch ihre eigene Sicht und durch Unbequemlichkeit die gesellschaftlichen Normen zu hinterfragen.

# 2. Unterricht

## 2.1 Warum „Biedermann und die Brandstifter"?

### 2.1.1 Inhalt, Gehalt und Sprache

Auf die sich anbietenden und notwendigen Transfermöglichkeiten wurden im Analyseteil schon hingewiesen. Darüber hinaus bietet das Stück viele Ansatzpunkte zur Reflexion hinsichtlich politischer oder gesellschaftlicher Standortbestimmung seitens 15- bis 17-jähriger Schüler wie:

- Mitverantwortung des Einzelnen für die politische und soziale Entwicklung einer Gesellschaft
  - Bezug zur Nazi-Herrschaft
  - Bezug zu Ausländerfeindlichkeit in unserer Zeit
  - Bezug zu genereller Diskriminierung von Minderheiten
  - Bezug zu zukünftigen globalen Energie- und Umweltproblemen
- Konsequenzen aus dieser Verantwortung
- Notwendigkeit von Zivilcourage

Die Untersuchung der Sprache von „Biedermann und die Brandstifter" fördert über Mechanismen von Suggestion, Verschleierung, Täuschung, Verharmlosung, versteckter Drohung und Phraseologie – eine willkommene Gelegenheit, sich mit der aktuellen Sprache unserer Konsumgesellschaft und auch der Politik zu befassen.

### 2.1.2 Schreiben

Mit den Möglichkeiten kreativer Schreibanlässe aus Sicht der Figuren ist das so eine Sache: Es gibt kaum sinnvolle Gelegenheiten, eine der Hauptfiguren des Stückes zu irgendeinem Zeitpunkt, sei es in Form eines inneren Monologes, Briefes oder in einem Dialog mit einer (auch fiktiven) anderen Figur räsonieren bzw. reflektieren zu lassen, sich oder andere infrage zu stellen oder dergleichen. Dazu sind die Positionen der am Geschehen unmittelbar Beteiligten zu klar definiert oder gar zu festgefahren:

- Biedermann rechtfertigt sein Nichthandeln bei mehreren Gelegenheiten, und er erschöpft sich dabei in reiner Phraseologie.
- Babette, die alles sieht, was man sehen muss, auch teilweise dabei eine kritische Haltung einnimmt, ist vor Angst handlungsunfähig und beruhigt sich ihrerseits mehrfach auch mit Phrasen, ihr Gottlieb sei zu gutmütig.
- Ähnliches ließe sich über die Brandstifter sagen. Es ist offenbar, was sie wollen, welche Strategie sie dabei verfolgen, und schließlich, welche Motive sie haben.

Dennoch haben wir einige Möglichkeiten für Schreibanlässe entwickelt, ohne die Handlung oder die Figuren als solche zu verändern.

### 2.1.3 Gattung

Aus dem Bereich des Theaters lassen sich am „Biedermann" viele Erscheinungsformen, Merkmale und Stilmittel erarbeiten:

- Komödie (Komik), Posse, Groteske, Lehrstück bzw. Parabel
- dramatischer Spannungsbogen
  - Exposition / 1. Szene
  - Schlüsselszene bzw. Peripetie / 3. Szene
  - Katastrophe / 6. Szene

- Verfremdung
  - Chorszenen
  - Spiel im Spiel / „Jedermann"
  - Wendung an den Zuschauer
- Theater als Modellfall der Wirklichkeit

**Anmerkung:**
Wenn die DVD eingesetzt wird, ohne den Text zu lesen, empfiehlt es sich, die Zäsuren gleich wie für das Lesen zu setzen. Es ist nicht unbedingt ratsam, Medien wie DVDs mit Theaterstücken bzw. Filmen als Ganzes im Unterricht zu zeigen. Schüler lassen sich heute mehr denn je in ihre gewohnte „Fernsehhaltung" manövrieren und übersehen so leicht, dass sie mit anderen Augen sehen sollen als zu Hause auf der Couch oder im bequemen Sessel. Etwas anderes ist es, wenn das Stück gelesen wurde und nach Fertigstellung der Aufgaben und Schreibanlässe die DVD gezeigt wird.

## 2.2 Konzeption – ein möglicher Unterrichtsablauf

Folgende Vorgehensweise bietet sich an:
Der Text kann in drei Sequenzen gelesen werden. Dazu gibt es Aufgaben zu lösen, welche die Reflexionsphasen nach den Sequenzen vorbereiten helfen.

**Unterrichtseinheit (UE) 1:**
Die Schüler beschäftigen sich zunächst mit dem Chor – eher spielerisch als analytisch – und bekommen die Aufgabe, ihn im weiteren Verlauf zu beobachten.
Dann lesen sie (zu Hause oder im Unterricht) die erste Szene. Im Unterricht werden anschließend die dazu gestellten Aufgaben verglichen und weitergeführt.

**Unterrichtseinheit (UE) 2:**
Die zweite Lese- bzw. Unterrichtseinheit umfasst die Szenen 2 und 3.

**Unterrichtseinheit (UE) 3:**
Danach wird bis zum Ende gelesen (ohne Nachspiel, dies sollte nach unseren Vorstellungen gesondert behandelt werden).

**Unterrichtseinheit (UE) 4:**
Herstellen des Gesamtzusammenhanges und Reflexion

**Unterrichtseinheit (UE) 5:**
Theaterspielen in der Schule (Szene 6)

**Unterrichtseinheit (UE) 6:**
Lehren und Transfer

**Hinweis zu den Zäsuren:**

Die Einheiten wurden so gewählt, dass die Schüler sich einerseits motivierend (Chor), andererseits kritisch beobachtend dem Stück nähern können, um so festzustellen, dass zwischen dem, was die Figuren sagen und dem, was sie tun, eine eklatante Diskrepanz besteht. Dies erleben die Schüler in zwei Einheiten, bis feststeht, dass die Brandstifter wirklich Brandstifter sind und dass Biedermann nichts gegen sie tun wird (Ende 3. Szene).

Anschließend zeigt die dritte Einheit den aberwitzig hoffnungslosen weil untauglichen Versuch Biedermanns, eine Katastrophe aufzuhalten, die längst beschlossene Sache ist (Einladung: Szene 4, Vorbereitung des Essens: Szene 5, Gansessen und Katastrophe: Szene 6). Die letzte Einheit kann dann bei der Reflexions- und Transferphase das Nachspiel einbeziehen.

## 2.3 Medieneinsatz – Die Bruchsaler „Biedermann"-Inszenierung auf DVD

### 2.3.1 Die Aufnahme

Während zweier Vorführungen vor Publikum an zwei aufeinanderfolgenden Tagen Mitte Mai 2007 entstanden die Aufnahmen zu „Biedermann und die Brandstifter" mit der Badischen Landesbühne Bruchsal unter der Regie von Luisa Brandsdörfer.
Die Inszenierung zeichnet sich aus durch Klarheit und Direktheit, welche das Wesentliche, das Spießertum des Gottlieb Biedermann einerseits und die gerissen komische Zielstrebigkeit der Brandstifter andererseits transparent macht. Mit einem hilflosen Chor der Feuerwehrleute dazwischen – und das im wahrsten Sinne des Wortes – kommen doch die Darsteller des Chors aus der Mitte der handelnden Figuren, indem sie einen Helm aufziehen, um sich rechts und links neben der Bühne zu postieren und um von dort als Chormitglieder ihre wirkungslosen Statements abzugeben.
Das Bühnenbild wirkt auf den ersten Blick spartanisch: der schwarz getünchte Dachboden, nichts anderes als eine etwa einen Meter erhöhte Bühne im Hintergrund, ist leer, zumindest solange er noch nicht von Benzinfässern überfüllt ist. Die Vorderbühne – das Wohnzimmer von Biedermann – mit dem Flur als schmaler, gedachter Raum. Vor dieser Vorderbühne – mit Flokati-Teppich, niedrigem Tisch, eher Tischchen als Tafel und niedrigen Sitzgelegenheiten und einem einzigen Sessel, alles umrandet von gähnendem, schwarzem Nichts nebst verkrüppeltem Baum im Hintergrund.
Innerhalb dieses Szenarios entwickelt sich das Spiel um einen Menschen, der behauptet, keine Zeitung mehr zu lesen, sei doch keine Lösung angesichts der Gefahren, die auf einen lauern, der aber blind vor Angst gar nichts mehr tut.

Die Inszenierung endet entgegen den Gepflogenheiten und der heute gültigen Textfassung mit Ausschnitten aus dem Nachspiel, das Frisch für die deutsche Erstaufführung geschrieben hatte. Gottlieb und Babette Biedermann glauben, nach der Katastrophe im Himmel zu sein, und ihre Unsicherheit über diesen Sachverhalt und über ihre weitere Zukunft kommentiert Biedermann mit stereotyp wiederholtem: *„Nur jetzt nicht den Glauben verlieren"*, mit Sicherheit eine ironische Anspielung auf Max Mells *„Apostelspiel"*, das schon in der Vorlage zu diesem Stück, der Burleske aus dem Tagebuch 1948, eine Rolle spielt.

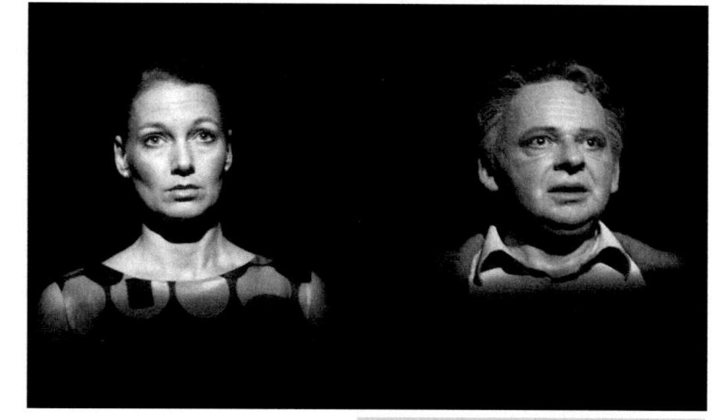

Susanne Meyenburg links, Hannes Höchsmann rechts

### 2.3.2 DVD-Inhalt

**Das Stück**

Die Szenen von „Biedermann und die Brandstifter" sind von Max Frisch schlicht und einfach durchnummeriert worden. Wir haben uns entschieden, bei der Kapitelauswahl auf der DVD diese mit Zitaten aus den jeweiligen Szenen zu kennzeichnen. Zur besseren Übersicht sei das an dieser Stelle dargestellt. Die Seitenangaben beziehen sich auch in der weiteren Folge auf die Ausgabe von edition suhrkamp Nr. 41, Frankfurt.

| Die Kapitel auf der DVD | Text – Biedermann / Seite |
|---|---|
| *„Aufhängen sollte man sie"* | Biedermann, Chor S. 7 ff., Szene 1 S. 10 ff. |
| *„Er ist kein Brandstifter"* | Chor S. 22 f., Szene 2 S. 24 ff. |
| *„Haarwasser"* | Chor S. 32 f., Szene 3 S. 34 ff. |
| *„Ein bisschen Vertrauen muss schon sein"* | Chor S. 43 ff., Szene 4 S. 51ff. |
| *„Ein schlichtes und gemütliches Abendessen"* | Chor S. 60 ff., Szene 5 S. 63 ff. |
| *„Verdacht hatte ich von Anfang an"* | Biedermann, Rampe S. 67, Szene 6 S. 68 ff. |
| *„Jetzt nicht den Glauben verlieren"* | Nachspiel |

## Das Zusatzmaterial der DVD

5.30 Minuten
Im Gespräch mit Biedermann-Darsteller Hannes Höchsmann
– Biedermann versucht sich zu rechtfertigen:
„Was hätten Sie denn getan – an meiner Stelle?"
„Irgendwo sind wir alle Biedermänner."

6.30 Minuten
Interview mit der Dramaturgin Christina McCormick
„Biedermann und die Brandstifter" – *ein Lehrstück ohne Lehre*
Christina McCormick über die Aufgaben der Dramaturgie
Warum greift bei „Biedermann" niemand ein?

21 Minuten
Gespräch mit der Dramaturgin Christina McCormick, mit der Regisseurin Luisa Brandsdörfer und mit Ilka Kops, Ausstattung
Ein Stück entsteht – die Zusammenarbeit von Dramaturgie, Regie und Ausstattung
Biedermann – ein Spießer
Die Gestaltung der Bühne, die Kostüme
„Ein Bildnis machen" – über Bildnisse und Selbstbildnisse und das „Gesicht wahren"
Lernt das Publikum wirklich nichts?
Der Chor in der Bruchsaler Inszenierung
Das „Nachspiel"

### 2.3.3 Mediengestützter Unterricht

Theaterstücke im Deutschunterricht lesen stellt immer einen Kompromiss dar, zwischen dem Anspruch, ein literarisches Werk kennen- und verstehen zu lernen und seiner eigentlichen Intention, es als Spiel auf einer Bühne zu erleben und zu begreifen. Denn nicht umsonst entwickeln Regisseur und Schauspieler aus der **Text-Vorlage** – also das Medium, das dem Unterricht häufig genügt – erst in mühevoller Kleinarbeit ein Spiel auf einer Bühne, welches schließlich ohne die Mitarbeit von Dramaturgen, Bühnenbildnern und vielen anderen hinter den Kulissen gar nicht zur Aufführung gelangen würde.
Die Verfügbarkeit neuer Medien wie beispielsweise der DVD machen es möglich, dieses Manko zu mildern oder gar zu beheben. Natürlich ersetzt das auf DVD festgehaltene Spiel, auch wenn es sich wie im vorliegenden Fall um die Wiedergabe einer Life-Aufführung handelt, das Theatererlebnis nicht. Doch der Einsatz dieses Mediums bietet für den Deutschunterricht eine Reihe von Möglichkeiten:

- Wiederholte Verfügbarkeit von Szenen, von Szenenausschnitten bzw. des ganzen Stückes
- Bildausschnitte (Totale, Halbtotale, Naheinstellung usw.) – Konzentration auf Wesentliches
- Film-Schnitte (Zusammenschnitt des gefilmten Materials) – zur Hervorhebung
- Hintergrundmaterial zur Inszenierung, zur Thematik, zur Arbeit eines Theaters

Vergleichbar der Textvorlage kann zu jedem Zeitpunkt die Klasse oder eine Arbeitsgruppe eine Szene noch einmal oder gar mehrmals ansehen, um detaillierte Aufgaben zum Stück oder zur Inszenierung zu lösen.
**Bildausschnitt** und **Filmschnitt** simulieren den fehlenden Theater-Raum, gleichen damit die Zweidimensionalität des Mediums aus. Gleichzeitig stellen beide zusammen schon eine Interpretation dar, ein Umstand, der vielfach übersehen wird und somit Anlass für ein tiefer greifendes Verständnis werden könnte, und zwar mithilfe von **Beobachtungsaufgaben, Schreibanlässen** oder **Nachspielen** von Szenen.
Das **Hintergrundmaterial** schließlich zeigt Einblicke in den Entstehungsprozess einer Inszenierung bzw. Aufführung und trägt somit dazu bei, dass Theater bei den Schülern einen nachhaltigen Eindruck hinterlässt, welcher das Verständnis und die Zuwendungsbereitschaft zur Literatur allgemein und zum Theater im Besonderen fördert.

**Hinweis:**

Die Unterrichtsvorschläge nebst Arbeitsblättern sind so angelegt, dass die traditionell auf den Text orientierte Arbeit gleichermaßen bedient wird wie der zusätzliche oder ausschließliche Einsatz des Mediums DVD.

## 2.4 Unterrichtsverlauf

### 2.4.1 Der Chor

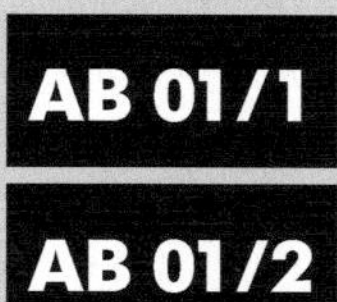


**Hinweis:**
AB 01/2 ist nur in Verbindung mit der DVD sinnvoll. Die Schüler sollen sich zur gestellten Frage äußern (eigene Empfindungen und Vorstellungen).

Bevor die Schüler eine Szene sehen oder lesen, möchten wir sie in eine Besonderheit dieses Stückes einführen oder besser einstimmen – den Chor der Feuerwehrleute (S. 7–9). Die Anregungen und Aufgaben auf dem AB 01/1 stammen von Gudrun Grimpe, Theaterpädagogin der Badischen Landesbühne.
Verhindert werden soll damit, dass dieser Chor weder als skurriles Beiwerk noch als notwendiges Übel begriffen wird, sondern als das, was er ist: eine Kontrollinstanz der Vorgänge auf der Bühne nach antikem Muster – aber hilflos und machtlos, zum Zuschauen verdammt wie die Zuschauer im Auditorium selbst.
Der spielerische Umgang der ersten Chorszene soll die Besonderheit der Sprache hinsichtlich Wortwahl, Wortkombination und Rhythmik fühlbar und somit verstehbar machen und gleichzeitig das Interesse für die folgenden Chorszenen wecken.

**Lösungshinweise**

**AB 02**

**Lösung zu AB 02**

Was die Schüler zum Chor eintragen können, ist im Analyseteil S. 15 in diesem Heft (Tabelle „Übersicht zu Form und Inhalt") zu finden.

### 2.4.2 Szene 1

Die Schüler lesen zu Hause die 1. Szene oder sehen sich diese im Unterricht an. Sie können beim Lesen die beiden Arbeitsblätter bearbeiten und ihre Ergebnisse im Unterricht vergleichen oder diese in Partnerarbeit lösen, nachdem sie die Szene gesehen haben.
Die Beobachtungsaufgaben bzw. die Textarbeit zu Szene 1 belegen, was die Schüler sofort erkennen: Biedermanns Inkonsequenz und Schmitz' Spiel mit Biedermanns Angst, mit dessen schlechtem Gewissen und auch mit dessen Eitelkeit.
Nichts kann Biedermanns Inkonsequenz besser veranschaulichen als die direkte Gegenüberstellung seiner Aussagen mit seinen Handlungen:

**AB 03/1**

Er sagt über Brandstifter:
*„Aufhängen sollte man sie."* (S. 10) — Tatsächlich tut er nichts.

Er sagt über den dubiosen „Hausierer" an der Tür:
*„ [...] ich werde ihn eigenhändig vor die Tür werfen [...]"* (S. 11)

Über den Hausierer, den Anna ankündigt:
*„Er soll im Flur draußen warten."* (S. 11) — Als Schmitz vor ihm steht, ist er sprachlos. Schließlich bewirtet er ihn und lässt ihn auf dem Dachboden übernachten.

Über Knechtling sagt Biedermann:
*„Kommt nicht in Frage!" [...] Ich verbitte mir dieses Getue wegen einer Kündigung [...] Beteiligung an einer Erfindung! Soll er sich unter den Gashahn legen oder einen Anwalt nehmen [...]"* (S. 19) — Er verweigert Knechtling sowohl eine Aussprache als auch Geld, und glaubt, damit ein Problem aus der Welt schaffen zu können.

Über Babette:
*„Kein Lärm! Meine Frau ist herzkrank."* (S. 20) — Die Rücksicht auf den Gesundheitszustand seiner Frau reicht nur zur Vertuschung der ganzen Aktion, nicht aber zu deren Vermeidung.

**Hinweis:**
Wer mit unserer DVD mit der Aufnahme der Bruchsaler Aufführung von „Biedermann und die Brandstifter" arbeiten möchte, bekommt im weiteren Verlauf spezielle Hinweise, welche mit dem Symbol angekündigt werden.

AB 03/2

### Ergebnis

Schmitz hat Biedermanns Schwächen durchschaut. Er hat ihn, wie er zugibt, am Stammtisch beobachtet und dabei möglicherweise mehr erkannt, als er sagt.

- Auf Biedermanns Frage, was er denn gesagt habe, antwortet Schmitz: *„Das Einzigrichtige. Aufhängen sollte man sie. Alle. Je rascher um so besser. Aufhängen. Diese Brandstifter nämlich* [...]“ (S. 14)
- Es kommt deshalb nicht von ungefähr, dass sich Schmitz gerade dieses Haus des lauten Stammtischredners für seine weiteren Vorhaben ausgesucht hat.
- *„Männer wie Sie, Herr Biedermann, das ist's, was wir brauchen!* [...] *Sie sind noch vom alten Schrot und Korn* [...] *Sie haben noch Zivilcourage* [...] *Sie haben noch ein Gewissen* [...]“ (S. 14)
- Schmitz sagt hier, was bei Biedermann sicher gut ankommt, was aber auf Biedermann de facto nicht zutrifft.
- Schließlich packt er ihn bei seinem schlechten Gewissen, wenn er sagt: *„Wer hätte gedacht, ja, wer hätte gedacht, daß es das noch gibt! Heutzutage* [...] *Menschlichkeit. Ich meine nur so, dass sie mich nicht einfach am Kragen packen, Herr Biedermann, um unsereinen einfach auf die Straße zu werfen* [...]“ (S. 19)

Schmitz reagiert damit auf Biedermanns ‚unmenschliches Verhalten‘ – so artikuliert es Frau Knechtling – gegenüber den Ansprüchen seines ehemaligen Geschäftspartners. Die Schüler sollten mit einem Impuls, wenn sie dies nicht selbst sehen, auf diesen Sachverhalt aufmerksam gemacht werden.

Fruchtbar ist in jedem Fall, wenn die Schüler ihre Ergebnisse im Plenum noch einmal besprechen und kommentieren. Biedermanns Inkonsequenz soll als Ergebnis festgehalten werden. Diese Inkonsequenz wird dann in der Folge noch nachhaltiger untersucht werden müssen.

AB 03/3

### Möglicher Kommentar zu Biedermanns Verhalten

Gottlieb Biedermann ist inkonsequent. Seinen Reden nach müsste er den Hausierer „eigenhändig“ hinauswerfen, stattdessen ist er handlungsunfähig, als dieser vor ihm steht, mehr noch, er lässt ihm Essen auftragen.
Biedermann müsste seinen Reden nach auch misstrauisch und vorsichtig sein, vor allem, wenn klar wird, dass der Fremde auf dem Dachboden übernachten will. „[...] *wieder so ein Hausierer, der sich im Dachboden einnistet*“ (S. 10).

Aber er lässt sich von Schmitz einlullen, fällt auf seine Schmeicheleien herein: *„Männer wie Sie, Herr Biedermann, das ist's, was wir brauchen!“* (S.14).
Als Biedermann schließlich Knechtling abfertigen lässt, ist er diesen Schmeicheleien gänzlich ausgeliefert: „[...] *das ist's, Herr Biedermann, was wir brauchen: Menschlichkeit*“ (S. 19).

Hinzu kommt, dass Biedermann offensichtlich Angst hat: Schmitzt sagt gleich zu Beginn zweimal: *„Herr Biedermann brauchen keine Angst haben“* (S. 12) und weist noch einmal darauf hin, dass alle vor ihm Angst haben (S. 13). Er erzählt beiläufig, wie es einem ergeht, wenn man sich gegen ihn stellt (gebrochene Schulter S. 16/17) und schürt damit die Angst noch mehr.

### 2.4.3 Szene 2 und 3

AB 04

Beide Szenen werden im Zusammenhang gelesen bzw. gesehen. Die Aufgaben zu Szene 2 können nach dem Lesen zu Hause gleich miterledigt werden. Werden die Szenen im Unterricht gezeigt, müssen diese Aufgaben im Voraus besprochen werden, damit die Schüler sich während des Zusehens dazu Notizen machen.

Die zweite Unterrichtseinheit fördert als Steigerung der schon erkannten Inkonsequenz die Widersprüche zwischen **Sein** und **Schein**, zwischen **Reden** und **Handeln** zutage.

- In **Szene 2** ist es Babette, die sich nicht traut, Schmitz hinauszuwerfen, obwohl sie ihrem Mann versprochen hat, die Situation zu klären. Im Gegenteil: Sie ermöglicht Schmitz ein üppiges Frühstück und gibt sich völlig unangemessen fürsorglich. Am Ende lässt sie noch dessen Kumpel Eisenring ins Haus.
- In **Szene 3** betritt Biedermann den Dachboden mit der erklärten Absicht, Schmitz hinauszuwerfen. Am Ende verheimlicht er dessen Existenz und die seines Kumpels gegenüber der Polizei, und er belügt sie auch noch, als er nach dem Inhalt der Fässer gefragt wird.

Szene 2 wird ähnlich wie schon Szene 1 mit Beobachtungs- bzw. mit Texterschließungsaufgaben aufgearbeitet.

Szene 3 (UE 3) wird etwas mehr Zeit in Anspruch nehmen, da die Szene von Arbeitsgruppen mit speziellen Gruppenaufträgen erschlossen werden soll. Der Austausch der jeweiligen Ergebnisse bzw. deren Vorstellung vor der Klasse verlangt von den Schülern konzentrierte und vor allem verantwortungsvolle Arbeit. Deshalb werden auch die Einzelergebnisse plakativ auf einer Pinnwand festgehalten.

#### Die Lösungen der Aufgaben im Einzelnen

**Lösungshinweise**

#### Arbeitsblatt (AB 04), Aufgabe 1 und 2

AB 04

Babette kündigt zwar an, „offen“ und *„rundheraus“* zu sagen, was sie will, tut es aber nicht. Im Gegenteil: Als Schmitz die Wahrheit als Frage formuliert – *„Sie möchten mich los sein?“* (S. 27), lügt sie. Als Schmitz dann noch den Eingeschnappten spielt *„Ich hab kein Benehmen* [...] *Ich geh“* (S. 28), fällt sie gänzlich um. Schmitz nennt die Dinge beim Namen, Babette fühlt sich ertappt, sucht nach Ausflüchten und lügt.

Sie verrät von Anfang an, dass sie Angst vor dem hat, was sie sagen will. Das registriert Schmitz, *„Sie zittern ja“* (S. 27). Somit lenkt sie ab und tischt diesem immer mehr zum Frühstück auf.

#### Kommentar zur Zusatzaufgabe zur Bruchsaler Inszenierung

Hier kommt offenbar eine erotische Komponente ins Spiel: Babette verfällt der Anziehungskraft Schmitz' und dieser spielt diese ‚Karte' bewusst aus.

#### Tabelle zum 1. Fazit (AB 05)

AB 05

Diese etwas umfangreiche und wichtige Text-Recherche sollte als Hausaufgabe gegeben werden. Um den Schülern die Arbeit etwas zu vereinfachen bzw. zu erleichtern, könnte zu jeder Spalte ein Beispiel vorgeben oder auch im Unterricht entwickelt werden.

**Lösungshinweise**

**AB 05**

| **Figur** | **sagt** | **handelt** |
|---|---|---|
| **Biedermann** über Brand-stifter und Hausierer | *„Aufhängen sollte man sie! [...] Nisten sich auf dem Dachboden ein"* (S. 10)<br>*„Ich werde ihn eigenhändig vor die Tür werfen."* (S. 11) | Lässt einen Obdachlosen ins Haus, bewirtet ihn (Brot und Wein) und gibt ihm Obdach auf dem Dachboden. |
| **Biedermann** über Knecht-ling | *„Herr Knechtling soll mich gefälligst in Ruhe lassen."*<br>*„Ich verbitte mir dieses Getue wegen einer Kündigung."*<br>*„Soll er sich unter den Gashahn legen oder einen Anwalt nehmen."* (alle S. 19)<br>*„Das ist es ja* (er war zufrieden), *was er ausnutzen will."* (S. 25) | Lässt ihn vor der Türe stehen. Anna muss ihm sagen, was er sagt.<br><br>Unterstellt ein Verhalten, das er selber zeigt. |
| **Schmitz** über sich | *Ich bin's gewohnt [...] auf dem Boden zu schlafen. Mein Vater war Köhler."* (S. 15)<br>*„Ein braver Ringer, der sein Leben lang gerungen hat."*<br>*„[...] da packt so ein Herr, der noch nie gerungen hat, unsereinen am Kragen [...] schon hat er die Schulter gebrochen."* (S. 16 f.)<br>*„Drum les ich keine Zeitungen [...] Weil's immer dassel-be ist."* (S. 17)<br>*„Es kommt ja doch [...] Gottesgericht."*<br>*„Hungern und frieren, [...] das machte mir nichts, aber – keine Bildung, [...] kein Benehmen, [...] keine Kultur ..."* (S. 28)<br>*„Ich zählte sieben Jahr, als meine Mutter starb."* (S. 29) | Sagt sehr früh, was er will.<br><br>Droht mit seiner Körperkraft.<br><br>Droht mit dem Unabänderlichen, Unausweichlichen.<br>Pocht auf Mitgefühl. |
| **Schmitz** über Biedermann | *„Männer wie Sie, Herr Biedermann, das ist's, was wir brauchen [...] Sie sind noch vom alten Schrot und Korn, Sie haben noch eine positive Einstellung [...] sie haben Zivilcourage [...] ) Sie haben noch ein Gewissen."* (S. 14)<br>*„Sie sind der erste Mensch in dieser Stadt, der unsereins nicht einfach wie einen Brandstifter behandelt –"* (S. 16)<br>*„Wenn Sie ein Unmensch wären, Herr Biedermann, dann würden Sie mir heute nacht kein Obdach geben, das ist mal klar."* (S. 20) | schmeichelt<br><br>Suggeriert Biedermann, was er tun soll. |
| **Schmitz** über Ver-trauen bzw. Misstrauen und Mensch-lichkeit | *„Nichts als Misstrauen in der Welt."* (S. 16)<br>*„Wer hätte gedacht, [...] dass es das noch gibt [...] Menschlichkeit."* | Nutzt offensichtlich Vertrauen und Menschlichkeit aus, um Verbrechen vorzubereiten und zu begehen. |
| **Babette** über Biedermann | *„Du bist zu gutmütig [...] Du lässt dein Herz sprechen."* | Kann selbst nicht ausführen, was ihr Mann angeblich aus Gutmütig-keit nicht kann. |
| **Babette** über / zu Schmitz | *„[...] ich will ihm ein Frühstück geben, aber dann, Gott-lieb, schick ich ihn auf den Weg. [...] In aller Freundlich-keit [...] ohne ihn zu kränken."* ( S. 24 f.) | Bewirtet Schmitz, verschweigt ihre Absichten bzw. belügt ihn.<br>Babette lügt, sie hat Angst vor Schmitz und Angst, die ‚Etikette' nicht einzuhalten. |

**Lösungshinweise**

**AB 06**

Anna

- Anna wird von Biedermann und Babette herumkommandiert. Beide, Biedermann und seine Frau, zeigen gegenüber Schmitz mehr Höflichkeit als gegenüber Anna. Biedermann überträgt ihr alles Unangenehme. Sie soll den Hausierer abweisen, und sie muss Frau Knechtling abfertigen.
- Auch Schmitz behandelt sie herablassend und gar versteckt als Sexobjekt.
- Anna scheint die gesamte Situation klarer beurteilen zu können:
  Sie gibt zu, was andere nicht tun *„Nämlich er ist sehr kräftig* [...]" (S. 11) und drückt damit ihre Angst aus.
  *„Sonst noch etwas"* (S. 18/29), sagt sie zu Schmitz. Sie macht damit deutlich, dass dieser schmarotzt, auch wenn er dies noch so sehr kaschiert – *„Nur keine Umstände."*
  Allerdings kann sie in ihrer Position keinerlei Kommentar von sich geben.

**AB 07**

### Erarbeitung der Szene 3

Die nachstehend aufgeführten Gruppenaufträge sind im AB 07 noch einmal abgedruckt. Sie können somit kopiert und ausgegeben werden.

### Gruppenaufträge

Bildet, nachdem ihr die Szene 3 gelesen bzw. gesehen habt, 7 Gruppen (3 bis 4 Mitglieder, je nach Größe der Klasse) und besprecht / löst eure jeweiligen Gruppenaufgaben.
Formiert anschließend die Gruppen neu, sodass jede Gruppe über die jeweiligen Ergebnisse der Gruppenarbeit informiert werden kann.
Jede Gruppe fertigt anschließend ein kleines Plakat an. Darauf stehen übersichtlich und mit wenig Worten die Kernpunkte eurer Gruppenarbeit. Befestigt diese auf einer Pinnwand.

**Gruppe 1**

Schmitz und Eisenring unterhalten sich am Beginn von Szene 3.

- Worüber sprechen sie?
- Wie versteht ihr Eisenrings Behauptung *„Jeder Bürger ist strafbar, genaugenommen, von einem gewissen Einkommen an.“*?
- Nehmt auch Stellung zu dieser Behauptung.

**Gruppe 2**

Biedermann pocht gänzlich außer sich an die Tür und will Schmitz hinauswerfen.

- Warum macht er es doch nicht?
- Beschreibt, wie sich Eisenring in dieser Anfangssituation verhält.
  Wie spricht er mit Biedermann?

**Gruppe 3**

Stellt die Anzahl der Fragen Biedermanns fest, und zwar ab dem Zeitpunkt, als er Eisenring bemerkt (S. 36 oben). Zählt auch die wiederholten Fragen und jene, die nur aus einem Wort bestehen.

- Besprecht, inwiefern diese Fragen überhaupt sinnvoll sind und ob er sinnvolle Antworten bekommt.
- Besprecht in der Gruppe, was sich aus diesen Sachverhalten über Biedermann selbst und über Schmitz / Eisenring schließen lässt.

**Gruppe 4**

Während der ganzen Szene und vor allem während des „Verhörs“ über Benzinfässer „spielen“ Schmitz und Eisenring gegenüber Biedermann „Theater“ – sie gaukeln ihm etwas vor, was sich sehr genau an ihrem Verhalten und an der Art, wie sie mit Biedermann reden, beobachten lässt.

- Beschreibt diesen Sachverhalt.
- Beschreibt die Rollen, die Schmitz und Eisenring gegenüber Biedermann spielen.

**Gruppe 5**

Gegen Ende der Szene sagt Biedermann *„Wenn Sie diese Fässer nicht augenblicklich aus dem Haus schaffen, aber augenblicklich! sag ich –“*
Und Eisenring ergänzt: *„Dann rufen Sie die Polizei.“* (S. 40)
Sekunden später steht die Polizei vor der Dachbodentür – und Biedermann sagt nichts!
Schlimmer noch – auf die Frage des Polizisten, was er denn in den Fässern habe, antwortet er *„Haarwasser“*. (S. 42)

- Auch wenn euch dieses Verhalten noch so unsinnig vorkommt, diskutiert es!

- Max Frisch hält dieses Verhalten für alltäglich, d. h., man kann es immer wieder in allen Lebenslagen und Lebensbereichen beobachten. Diskutiert auch diese Auffassung und sucht nach Beispielen.

**Gruppe 6**

Untersucht den Dialog Biedermann – Chor bzw. Chorführer (S. 41 ff.)

- Was drückt der Chor mit den „Wehe-Rufen“ aus, wie reagiert Biedermann darauf?
- Womit rechtfertigt sich Biedermann? Bewertet diese Rechtfertigungen.
- Was ist von seiner folgenden Aussage zu halten: *„Ich war drauf und dran, die beiden Halunken zu wecken und auf die Straße zu werfen – mitsamt ihren Fässern! – eigenhändig, rücksichtslos, mitten in der Nacht!“* (S. 48)?

  Begründet eure Bewertung!

  *Anmerkung:* Defaitismus – systematisches Schlechtreden einer Sache, einer Situation, eines Vorgangs

**Gruppe 7**

Es war das Schicksal **Kassandras**, der Tochter des trojanischen Königs Priamos, die Zukunft, z. B. ein Unglück, vorherzusehen und davor zu warnen. Allerdings konnte sie kein einziges Unglück, das sie kommen sah, keine Katastrophe, vor der sie warnte, verhindern. So beschwor sie vergeblich den drohenden Untergang Trojas angesichts des hölzernen Pferdes. Sie fand kein Gehör. Seither spricht man bei vergleichbaren Aktionen bzw. Handlungen von **„Kassandra-Rufen“**.

- Was hat „Kassandra“ und ihr Schicksal mit „Biedermann und die Brandstifter“ zu tun?
- Führt dies näher aus!

  *Anmerkung:* Konzentriert euch bei dieser Aufgabe auf die Chorszene im Anschluss an Szene 3!

**Lösungshinweise**

Lösungen zur Gruppenarbeit – Szene 3

**Gruppe 1**

- Schmitz und Eisenring erörtern kurz, ob sie bei Biedermann vor der Polizei sicher sind. Das bejaht Eisenring mit der Begründung: „[...] *weil er selber strafbar ist.*“ Seine Erklärung *„Jeder Bürger ist strafbar, genaugenommen, von einem gewissen Einkommen an“* lässt verschiedene Deutungen zu.
- Zunächst erscheint diese Rechtfertigung salopp an den Haaren herbeigezogen zu sein, um das eigene gesetzwidrige Verhalten und Handeln zu rechtfertigen.
- Der Zuschauer verknüpft sie aber automatisch mit seinem Wissen um Biedermanns Wohlstand, an deren Teilnahme jener Knechtling jegliches Recht abspricht, eine offen im Raums stehende Ungerechtigkeit.
- Dies assoziiert zudem die Vorstellung des erfolgreichen Unternehmers, der seine Ellenbogen breit macht und so seinen Erfolg auf Kosten von niedrigen Löhnen oder Ausbeutung erreicht.
- Letztlich ist die Aussage aber auch ein Beleg für die Wortspielereien und für den Sprachwitz von Max Frisch.

Lösungshinweise

**Gruppe 2**

- Biedermann wird durch das Vorhandensein eines weiteren Bewohners auf seinem Dachboden völlig aus dem Konzept geworfen, zumal sich Eisenring scheinbar auf seine Seite stellt:
  – *„Siehst du … Das macht man nicht, Sepp, du hast kein Benehmen. Ohne zu fragen!“*
  – „[…] *ich versteh Sie vollkommen, Herr Biedermann. Alles, was recht ist.“*
  – Schließlich schreit Eisenring Schmitz noch an und meint, ein Hauseigentümer müsse sich das nicht gefallen lassen.
  – Danach vergewissert er sich noch einmal, ob Schmitz wirklich nicht gefragt habe, sodass dieser nur noch weinerlich berichten kann, wie schlecht es seiner Frau in der Nacht ergangen ist.
- Als dann die Polizei noch vor der Tür steht, kann er die Wahrheit nicht sagen, vielleicht aus Angst, in Erklärungsnot zu kommen. Damit haben die Brandstifter gewonnen.

**Gruppe 3**

Biedermann stellt rund 23 Fragen. Die meisten sind unsinnig,
– weil es z. B. keine Rolle spielt, wo die Fässer herkommen,
– weil Biedermann schon eine klare Antwort bekommen hat (*„Ich frage zum letzen Mal, was in diesen Fässern ist.“*, S. 39),
– weil sie rhetorisch sind oder die Antwort klar ist (*„Sind Sie eigentlich wahnsinnig?“*, *„Was denken Sie sich eigentlich?“*, S. 40, *„Ist das wahr, meine Herren, ist das wahr?* […] *Was auf dieser Etikette steht?“*, S. 39, *„Ist das Benzin oder ist das kein Benzin?“*, S. 40).

Schmitz und Eisenring reagieren mit entwaffnender Naivität und Direktheit:
– *„Ohne zu fragen! Was ist das für eine Art: – plötzlich sind wir zwei“* (S. 36)
– *„Der Sepp hat sich verrechnet … Zwölf auf fünfzehn Meter! hast du gesagt, und dabei hat er keine hundert Quadratmeter, dieser ganze Dachboden … Ich kann meine Fässer nicht auf der Straße lassen, Herr Biedermann, das werden Sie verstehen.“* (S. 38)

Sie geben sich unwissend:
– *„Weißt du's, Willi? wo sie herkommen.“* – Eisenring nimmt die Frage nach den Fässern wörtlich.
– *„Hier steht's, wo sie herkommen. Hier.“* (S. 38, Schmitz zeigt eine Etikette)

**Gruppe 4**

Schmitz und Eisenring spielen die unschuldig Naiven, die Unwissenden. Dabei stellt sich Eisenring scheinbar auf die Seite Biedermanns und macht dabei Schmitz Vorwürfe oder unterstützt Biedermanns Verhör: *„Antworte, wenn der Herr dich fragt!“* – Biedermann hat aber seine Frage in der Mehrzahl gestellt, also an Schmitz und Eisenring.
Sie nehmen Biedermann beim Wort und verwirren ihn damit.

**Gruppe 5**

Es bleibt abzuwarten, worauf sich die Schüler bei ihrer Aussprache einigen. Klar müsste werden, dass unser Verhalten in vielen Situationen vergleichbar ist. Wenn die Schülergruppe sich damit schwertut, kann man sie einmal fragen, wie sich denn Schüler verhalten, wenn sie keine Hausaufgaben machen oder sich nicht oder nicht richtig auf Klassenarbeiten vorbereiten, wohl wissend, welche Folgen das hat.

**Gruppe 6**

Die wiederholten „Wehe“-Rufe des Chors weisen auf das kommende Unheil hin, das eintreten wird, wenn niemand Biedermann und seine beiden Brandstifter aufhält, bzw. wenn Biedermann nicht zur Besinnung kommt.

Lösungshinweise

Biedermann ist genau das unangenehm, und er diffamiert den Hinweis auf kommendes Unheil deshalb als Defaitismus. Sein Rückzug darauf, dass er in seinem Haus tun und lassen kann, was er will, ist nur scheinbar richtig. Sein Tun hat nicht nur Folgen für ihn selbst, sondern auch für andere, für seine Frau Babette und für Anna und auch für die ganze Stadt. Damit trägt er die Verantwortung und hat sich sehr wohl zu fragen, welche Folgen seine Handlungen oder Unterlassungen haben.

Er gibt auch ganz klar zu, was es bedeutet, wenn Benzin auf seinem Dachboden lagert und was er von den „Halunken" zu erwarten hat. Die Frage ist, warum er sie tatsächlich nicht auf die Straße geworfen hat, samt ihren Fässern. Diese Erkenntnis widerruft er aber wieder *„ich rieche nichts"* (S. 49).
Er hat die Fragen nach den Brandstiftern satt. Deshalb geht er nirgendwo mehr hin. Das nennt man „Ausweichverhalten", und er versteckt dieses Verhalten mit „ein bisschen Vertrauen", das man haben müsse.

**Gruppe 7**

Die Seherin Kassandra sieht genau genommen das, was jeder bei richtigem Hinschauen sehen müsste, was aber niemand wahrnimmt oder besser, wahrnehmen will. Insofern steht sie als Symbol für alle Zukunftsprognosen, welche sich logisch schlussfolgern oder berechnen lassen, die aber keine Konsequenzen, kein verändertes Verhalten nach sich ziehen, um die prognostizierten Ereignisse abzuwehren.
Bezogen auf Frischs „Biedermann" heißt das, dass der Chor die Kassandra-Rolle einnimmt, was Biedermann als Defaitismus, als „Miesmacherei" hinstellt.

### 2.4.4 Die Schreibaufgaben – Erwartungen

Die Schreibaufgaben können alternativ gestellt werden, d. h., die Schüler müssen nicht beide Aufgaben lösen.

**AB 08**

**Hinweis:**
Ein **offener Brief** ist ein Schriftstück, das gleichzeitig mit der Briefzustellung an den Empfänger auch in der Presse oder in anderen Medien veröffentlicht wird. Durch die Form des offenen Briefs wird der Empfänger in der Regel zu einer öffentlichen Stellungnahme zum Gegenstand des Schreibens aufgefordert. Der offene Brief wird häufig verwendet, um Personen des öffentlichen Interesses oder Unternehmen mit kontroversen Aussagen, gebrochenen Versprechen oder Unwahrheiten zu konfrontieren oder um diese zu einem bestimmten, im Brief vorgeschlagenen Handeln zu bewegen.
(Quelle: nach wikipedia.org)

Schreibaufgabe 1

BIEDERMANN: *Ich weiß wirklich nicht, was Sie wünschen.*
CHORFÜHRER: *Daß du sie duldest, die Fässer voll Brennstoff, Biedermann Gottlieb, wie hast du's gedeutet?*
[...]
BIEDERMANN: *Meine Herren, ich bin ein freier Bürger. Ich kann denken, was ich will. Was sollen diese Fragen? Ich habe das Recht, meine Herren, überhaupt nichts zu denken – ganz abgesehen davon, meine Herren: Was unter meinem Dach geschieht – ich muss schon sagen, schließlich und endlich bin ich der Hauseigentümer! ...*
(S. 46)

- Antworte auf diese Haltung Biedermanns in einem **offenen Brief**, in dem du **argumentierst**, dass es Situationen gibt, in denen man sich nicht hinter seiner Privatsphäre verstecken kann und darf, weil das eigene Verhalten Folgen für andere, für die Gemeinschaft hat, man also folglich Verantwortung übernehmen muss für das, was man tut und für das, was man unterlässt.

Schreibaufgabe 2

*„Ich habe mir die allerschwersten Gedanken gemacht – auf den Tisch bin ich gestiegen, um zu horchen, und später sogar auf den Schrank, um mein Ohr an die Zimmerdecke zu legen. Jawohl! Geschnarcht haben sie. Geschnarcht! Mindestens vier Mal bin ich auf den Schrank gestiegen. Ganz friedlich geschnarcht! ... Und trotzdem: – Einmal stand ich schon draußen im Treppenhaus, ob Sie's glauben oder nicht, im Pyjama – vor Wut. Ich war drauf und dran, die beiden Halunken zu wecken und auf die Straße zu werfen – mitsamt ihren Fässern!"* (S. 48)

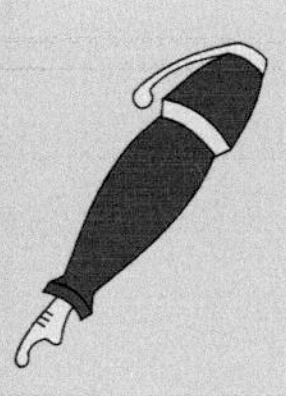

- Schreibe einen inneren Monolog, wie sich Biedermann *„die allerschwersten Gedanken"* macht, und wie er nach mehrmaligem Horchen drauf und dran ist , die *„Halunken"* auf die Straße zu werfen, um es dann doch nicht zu tun.

**Lösungshinweise**

Zugegeben – die beiden Aufgaben sind nicht einfach. Die Schüler sollen sich in die verschrobene Denk- und Verhaltensweise dieses Spießers einfühlen, um sein Denken und Handeln bzw. Nichthandeln zu hinterfragen und transparent zu machen.

Der **offene Brief** sollte klären, dass die Privatsphäre dort aufhört, wo das eigene Handeln und Nichthandeln Folgen für andere Menschen hat. Im Falle Biedermanns ist aufgrund der auf seinem Dachboden gelagerten Fässer nicht nur dessen Haus gefährdet, sondern auch das Leben von Babette und Anna. Schließlich wird – und das ist auch die erklärte Absicht der Brandstifter – die ganze Stadt von einer so entfachten Feuersbrunst in Mitleidenschaft gezogen.

Beim **inneren Monolog** müssen sich die Schüler in eine Situation versetzen – unabhängig von psychologisch definierten Verhaltensmustern – in der sie etwas nicht machen und leisten, was sie sich vorher fest vorgenommen haben. Vielleicht haben sie tatsächlich Erfahrungen damit, dass man etwas unterlässt oder vor sich herschiebt und das im Bewusstsein, welche fatalen Folgen dieses Verhalten nach sich zieht.

Wichtig wäre hier auch ein Impuls, dass der Spießer Ausflüchte und Ausreden anfertigt, damit er sein eigenes Verhalten überhaupt ertragen kann. Wahrscheinlich entsteht hier die Idee, die „Halunken" einzuladen, sie zu „Freunden" zu machen oder zumindest freundschaftlich zu stimmen.
Interessant wäre zu sehen, ob die Schüler von sich aus auf solche Ideen kommen, falls sie den weiteren Verlauf des Stückes noch nicht kennen.

Aussprache und Fazit

Den Schülern sollte Folgendes klar geworden sein:

Biedermann stellt sich blind oder er will nichts sehen. Jeglichen Hinweis auf die kommende Bedrohung weist er von sich oder er weicht aus. Seine Rechtfertigungen haben nur scheinbar und nur für ihn Überzeugungskraft:

*„Ein bißchen Vertrauen"*
*„Ich kann denken, was ich will"*
*„Ich rieche nichts"*

Somit wird das Unglück unweigerlich kommen, wenn diesem nicht von irgendeiner anderen Seite Einhalt geboten wird.

Es bietet sich schließlich an, ausgehend von der Kassandra-Symbolfigur, im Plenum über „sehen“ zu sprechen. Folgende Fragestellungen können dabei hilfreich sein:

Was sehen wir?
Wie sehen wir?
Welche Folgen kann / soll das Sehen haben?

Im Zuge dieser Grundfragen wäre das nachfolgende Tafelbild zu entwickeln.

**Hinweis**:

Das Strukturbild kann zunächst mit *„Dingen“* und *„Vorgängen“* aus den „Biedermann“-Szenen, danach aus dem Bereich des Schüleralltags veranschaulicht und belegt werden. Das gilt auch für den Bereich *„in die Zukunft sehen“*.
Was hat z. B. Kassandra gesehen? Wie sehen wir in die Zukunft (das Wetter; Prognosen durch Umfragen, Forschung usw.)?

In **Unterrichtseinheit 6** kann dann dieses Tafelbild wieder aufgegriffen werden, wenn es um die tatsächlichen Lehren und um den Transfer der „Biedermann“-Geschehnisse geht.

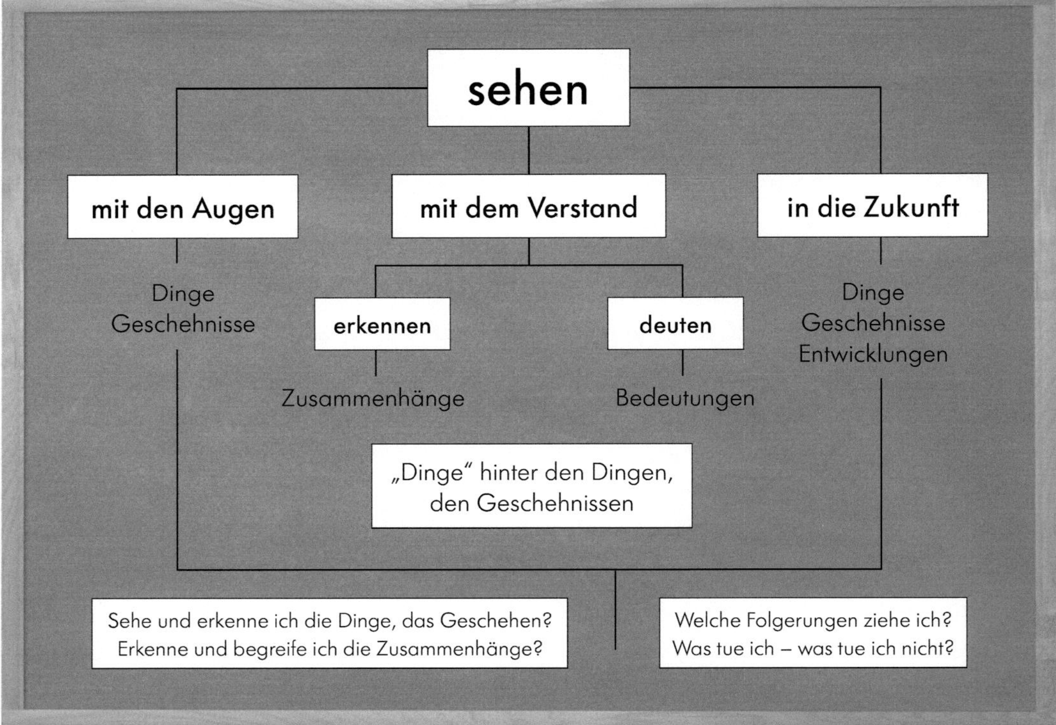

### 2.4.5 Szene 4 bis 6

#### Ausgangslage

Die zentrale Frage zu dieser vorletzten Unterrichtseinheit lautet:

**Wie konnte geschehen, was jeder voraussah, dass es geschieht?**

Varianten dieser Fragestellung sind:

- Warum hat niemand die Katastrophe verhindert?
- Warum war Biedermann blind, obwohl er, wie er selbst zugibt, gesehen hat, was geschieht?
- Warum also war er handlungsunfähig?

Am Ende dieser Auseinandersetzung ergibt sich dann zwangsläufig die Frage:

**Welche Konsequenzen sind zu ziehen?**
**Oder:**
**Doch ein Lehrstück?**

Zur Beantwortung dieser Fragestellungen bietet sich zunächst an,

a) Biedermanns verändertes Verhalten ab Szene 4 zu beschreiben und zu kommentieren,
b) ähnlich wie bei der 2. Szene Babette bei dieser Figurenbestandsaufnahme einzubeziehen,
c) das Verhalten und die Motive der Brandstifter zu untersuchen,
d) Elemente des Komischen wie Scherz, Posse, Groteske an Beispielen aus den Szenen zu belegen und ihre Funktion zu erörtern.

#### Verfahren

**AB 09**

Die Arbeitsblätter AB 09 und AB 10 können als Hausaufgabe gegeben werden, entweder
a) als Zusatzaufgabe während des Lesens der Szenen 4 bis 6
b) oder als Nachbearbeitung, wenn das Stück nur auf DVD gesehen wird.

**AB 10**

AB 11/1 und AB 11/2 werden dann in der darauffolgenden Unterrichtsstunde (Partnerarbeit) gelöst.
AB 11/1 soll zunächst die Veränderungen seitens Biedermanns Verhalten auf den Punkt bringen. Die Aufgabe zur Komik bzw. zum Grotesken verlangt eine Textauswertung oder ein nochmaliges Verfolgen der Szene 6 auf der DVD.
Bevor diese Aufgabe angegangen wird, sollten sich die Schüler über Hoffmannsthals „Jedermann" informieren (AB 11/2).

**AB 11/1**

**AB 11/2**

#### Lösungen zu AB 09

**Lösungshinweise**

Biedermann hat Angst, dass er die Brandstifter zu seinen Feinden macht, wenn er zur Polizei geht *(„Ein Streichholz genügt* [...]*"* S. 51). Mit seiner Einladung glaubt er *„sind wir eben Freunde"* (S. 51).

Auf dem Dachboden verhält er sich völlig gegenteilig im Vergleich zur 3. Szene. Er klopft höflich an, fragt nach dem Befinden, bietet sein Bad an und hält schließlich noch die Zündschnur.

Der Wirklichkeit begegnet er mit höflichem Lachen, Eisenrings Direktheit fasst er als Scherz auf, wird allerdings bleich, als Eisenring sarkastisch andeutet, dass der Humor auch nicht mehr helfe, wenn es losgehe (S. 57).

**Hinweis:**

Die „Jedermann"-Szene dient uns in dieser Einheit als Beispiel für die Posse, wird aber nach dem Fazit als Grundlage der nachfolgenden Unterrichtseinheit 5 noch einmal benötigt.

Kommentar

Eisenring pfeift ein Liedchen, seine Handlung offenbart klar seine Absichten (Zündschur, Zündkapsel, Holzwolle), seine Offenheit ist brutal *„Sie sollten hier nicht rauchen"* und *„[...] die sicherste und beste Tarnung (finde ich) ist immer noch die nackte Wahrheit. Komischerweise."* (S. 54)

Damit müsste Biedermann bewusst geworden sein, dass sein Schutzschild, das Ganze von der humorvollen Seite zu nehmen, untauglich geworden ist. Doch zieht er keine Konsequenz daraus.

Auch die brutale Offenheit von Eisenring bleibt folgenlos. Die Einladung wird ausgesprochen und angenommen.

**Lösungshinweise**

Lösungen zu AB 10

Biedermann hat keine Zeit, sich mit Toten zu befassen. Wie in der 1. Szene gegenüber Knechtling selbst bietet er nur seinen Rechtsanwalt als Gesprächspartner an. Persönliche Verantwortung lehnt er ab.

Biedermann befiehlt Anna, alles vom Tisch zu räumen, was zu einem schlichten Abendessen seiner Meinung nach nicht passt: Damasttischdecke, Messerbänkchen, Kristallschalen, Servietten, Kandelaber (silberne Kerzenleuchter). Er verlangt schlichte Kleidung, und Anna soll das Essen in der Pfanne auf den Tisch stellen.
*„Nur keine Klassenunterschiede"* (S. 64) soll diese „Tarnung" vermitteln. Biedermann biedert sich an; er hofft auf Schonung durch die Brandstifter.

Die fehlenden Zündhölzer soll Biedermann selbst liefern – *„Müssen ihn darum bitten"* (S. 66). Damit wird deutlich sichtbar, dass Biedermann zum Gehilfen der Täter wird – nur so kann das Furchtbare geschehen.

Biedermanns Hinwendung zum Publikum offenbart ähnlich wie nach der 3. Szene gegenüber dem Chor, dass er sehr wohl weiß, was geschieht oder geschehen wird. Allerdings redet er sich mit der rhetorischen Frage wieder heraus: *„Was hätten Sie denn getan Herrgottnochmal, an meiner Stelle, und wann?"*

Kommentar

Tatsächlich müsste jetzt aus den Reihen der Zuschauer jemand aufstehen und rufen: „Spätestens dann als Benzinfässer auf dem Dachboden waren und die Polizei vor der Tür stand!"
Frisch war ein Schelm! Denn er rechnete wohl damit, dass das Bildungsbürgertum im Zuschauerraum sich dazu nicht hinreißen lassen würde, denn dann könnte – hypothetisch gesehen – Biedermann eigentlich nicht mehr weiterspielen.

**Lösungshinweise**

Zwischenfazit – Lösungen zu AB 11/1

Auf **AB 11/1** wird die groteske Widersprüchlichkeit Biedermanns zunächst festgehalten:

- Einladung zum Essen, damit er die „Halunken" als Freunde gewinnen kann.
- Keine Messerbänkchen, kein Damasttischtuch, keine Kandelaber usw., weil er glaubt, mit dieser freundschaftlichen Annäherung an die Halunken glaubwürdiger oder überzeugender zu erscheinen.
- Holzwolle, Zündschnur und Zündkapsel fasst er als Scherz auf, wie alles, was auf eine reale Brandstiftung hindeutet.

**Die Schüler sollen erkennen, dass ...**

... Biedermann bewusst die Augen zugemacht hat, um die Wirklichkeit nicht sehen zu müssen, weil diese ihn zum Handeln gezwungen hätte.
Er tut alles, um dieser **brutalen** und offensichtlichen Wirklichkeit auszuweichen.

### Funktionen des Komischen

Das Komische auf der Theaterbühne, ob nun Handlungs- oder Situationskomik, ob Posse, Groteske oder Parodie, stellt immer eine Brechung der Bühnenwirklichkeit bzw. der Wahrnehmung des Bühnengeschehens seitens des Zuschauers dar. Durch die komische Verfremdung des darzustellenden „Gegenstandes" geht der Betrachter, der Zuschauer (auch der/die Leser/-in des Textes) auf Distanz zum Bühnengeschehen. Der hinter der Komik mehr oder weniger offene Spott oder Hohn des Autors ist in der Regel kein Selbstzweck, sondern Kritik und damit Denkanstoß. So gesehen wird aus dem *Lehrstück ohne Lehre* eine Aufforderung, die (richtigen) Konsequenzen zu ziehen aus der Unmöglichkeit, der Unfassbarkeit des Bühnengeschehens, welches diese Witz-Figuren in Gang gesetzt bzw. zugelassen haben.

Die Komik des „Biedermann"-Stückes wenigstens an einer Szene herauszuarbeiten und zu beleuchten, ist demnach ein elementarer Schritt zum Gesamtverständnis.

### Lösung zu AB 11/1, 2

**Lösungshinweise**

| Komisch, grotesk ist: | Beteiligte Figuren: | Kommentar: |
|---|---|---|
| Der Witz mit den Putzfäden, der kein Witz ist. | Biedermann, Babette | Die Frage Babettes *„Und was ist der Witz daran?"* bleibt unbeantwortet, weil sie nicht zu beantworten ist.<br>Ihre Aufforderung *„Jetzt aber im Ernst, meine Herren"* zieht er ins Lächerliche, sodass der tatsächliche Ernst der Lage nicht angesprochen werden kann. |
| *„Nämlich die beiden halten mich immer noch für einen ängstlichen Spießer, der keinen Humor hat."* (S. 69) | Biedermann | Er ist und bleibt ein Spießer, auch wenn er den Lustigen spielt. Biedermann hat keinen Humor, und er hat Angst. Damit ist er noch kein Spießer, das wird er, weil er davon überzeugt ist, dass er das Richtige tut. Allerdings redet er nur davon und tut gar nichts. |
| Tischtuch, Fingerschalen usw. – die *„Tafel aus Silber und Kristall"* (S. 70) muss auf Eisenrings Wunsch wieder hergerichtet werden.<br>Annas Einwand wischt Biedermann beiseite mit *„Her damit!"* (S. 70) | Biedermann, Eisenring, Anna | Hier beginnt die Posse, die sich dann über die „Jedermann"-Szene zu dem *„Fuchs, du hast die Gans gestohlen"* entwickelt.<br><br>Später, als Anna den Dr. phil. ankündigt, dienen die Kandelaber als Ablenkung. (S. 73/74) |
| Die nachfolgenden Erzählungen Eisenrings mit den wiederholten Anspielungen auf die Herkunft der Brandstifter – Gefängnis – und die Begleiterscheinungen ihrer Auftritte – Brände, Brandstiftung.<br>Babettes Reaktionen darauf, die schließlich darin gipfeln: *„Reden Sie doch nicht immer von Bränden!"* (S. 76) | Eisenring, Babette | Hinter der humorvoll erzählten Anekdote verbirgt sich die brutale Wirklichkeit:<br>Am Tisch sitzen notorische Kriminelle, die sich aus Straftaten einen Spaß machen. |
| „Jedermann"-Szene<br><br>*„Sieht er nicht aus wie ein Geist?"* (S. 75)<br><br>*„Das haben wir in Salzburg gesehen."* (S. 76) | Schmitz, Eisenring, Biedermann, Babette | **Groteske:**<br>Schmitz, als „begabter" Schauspieler", der all das in einer Woche beim Theater gelernt hat, bevor es abgebrannt ist, verhüllt sich mit dem wertvollen Damasttischtuch und spielt einen Geist – eine Jahrmarktszene und **Parodie** zur „Jedermann"-Kultur in Salzburg. |

**Hinweise:**

**Posse** [eigentlich „Scherz, Unfug"], derb-komisches, niedrig-komisches oder volkstümliches Bühnenstück der neuzeitlichen Literatur, oft mit einfachem Handlungsgefüge, Improvisationen und vordergründiger Situations- oder Charakterkomik, im Mittelpunkt steht meist die komische Person.

*Meyers Lexikon Online*

Die **Groteske** in der Literatur:
Form der derb-komischen, drastischen Darstellung, die mit bewusst karikierender Verzerrung oder satirischer Übersteigerung das Paradoxe aber auch Dämonische herausarbeitet. Es ist ein Mittel, um durch diese Verzerrung bzw. Verfremdung die Entstellung der Welt darzustellen und deren Wahrnehmung zu ermöglichen.

*Nach Meyers Lexikon Online und wikipedia.org*

| Komisch, grotesk ist: | Beteiligte Figuren: | Kommentar: |
|---|---|---|
| *„Ich bin der Geist von – Knechtling"* (S. 77), die nachfolgenden Reaktionen Eisenrings, wiederholte Vorwürfe gegenüber Schmitz und seine Beteuerung: *„Er ist es nicht."* (S. 77 u. S. 78). | alle | Eisenring spielt wohl den Fassungslosen, während Babette und Biedermann vor Angst und Zerknirschung zittern.<br><br>Eisenrings Anspielungen *„Heute begraben – der ist ja noch ganz beisammen, bleich wie ein Tischtuch, weiß und glänzend wie Damast, steif und kalt, aber zum Hinstellen ..."* sind wohl auch nicht geeignet, die Situation zu entkrampfen, aber das ist wohl Absicht. |
| *„Fuchs du hast die Gans gestohlen ..."* | Alle Männer singen; danach alle auf der Bühne | Die Szene ist hinsichtlich ihrer Banalität und Albernheit nicht zu überbieten.<br>Von Frisch wohl bewusst als Kontrapunkt gesetzt zu der anschließend beginnenden Katastrophe, die in ihrer Bedeutung und Tragweite von Biedermann und auch von Babette immer noch nicht wahrgenommen wird. *„Wenigstens nicht bei uns"* (S. 79). |
| Biedermanns hilfloser Versuch, die Brandstifter von seiner Freundschaft und von seinem Vertrauen in sie zu überzeugen, gipfelt in der Übergabe der Streichhölzer. | Biedermann, Schmitz, Eisenring | Eine **Groteske**, die wohl auch nicht mehr zu überbieten ist. |
| Auftritt des Dr. phil. mit seiner Distanzierungsrede, die im Getöse der Katastrophe nicht mehr gehört werden kann. | Dr. phil., Biedermann, Babette | Die Rede ist sinnlos. |

**Lösungshinweise**

**AB 12**

Lösung zu AB 12

**Wer ist Knechtling?**
Ein Mitarbeiter, mit dem Biedermann – wie Babette sagt – bisher zufrieden war.

**Er will von Biedermann:**
Beteiligung an seiner Erfindung, das Haarwasser.

**Biedermanns Reaktion:**
Er kündigt Knechtling. Biedermann nennt sein Haarwasser eine kaufmännische Leistung, keine Erfindung. Knechtlings Vermittlungsversuch schmettert er ab, er soll sich einen Anwalt nehmen oder sich unter den Gashahn legen.

**Die Folgen:**
Biedermann stürzt Knechtling und seine Familie damit ins Unglück (Arbeitslosigkeit), Knechtling nimmt sich das Leben, die Witwe wimmelt er an der Türe ab.

**Der „Geist" von Knechtling** macht mehr als deutlich, dass Biedermann (und Babette) wissen, dass Knechtling unmenschlich behandelt wurde.

**Biedermanns (und Babettes) Reaktion** ist der Beleg für **Schmitz' Aussage in der 1. Szene,** findet hier also seine Bestätigung:
Biedermann handelt gegenüber Knechtling gewissenlos. Jetzt rührt sich seine schlechtes Gewissen.

**Parodie** bezeichnet in der Literatur die verzerrende, übertreibende oder verspottende Nachahmung eines bekannten Werkes oder einer prominenten Person, wobei zwar die Form oder (bei Personen) typische Verhaltensweisen beibehalten werden, aber ein anderer, nicht dazu passender Inhalt unterlegt wird. Durch die dadurch aufgebaute deutliche Abweichung gegenüber dem bekannten Original entsteht ein humoristischer Effekt. Eine Parodie muss nicht zwingend verspottenden Charakter haben.

*wikipedia.org*

### 2.4.6 Theater spielen im Unterricht

Diese Einheit betrachten wir als **Option**. Ihre Umsetzung hängt auch davon ab, ob Sie sich die dafür notwendige Zeit nehmen können oder wollen. Dennoch heißt das nicht, dass das Angebot dieser Einheit einen verzichtbaren Unterrichtsgegenstand darstellt.

Schon der Einstieg in „Biedermann und die Brandstifter" sollte nach unseren Vorstellungen spielerisch geschehen, in diesem Fall mit den Anregungen und Übungen der Theaterpädagogin Gudrun Grimpe. So wollen wir die Arbeit am Stück auch beenden, bevor wir in die Reflexions- und Transferphase einsteigen. Dabei stellt das szenische Spiel, wie auf AB 13/14 vorgeschlagen, nur eine Möglichkeit dar.
Doch zunächst einige Vorüberlegungen:

**AB 13**

**AB 14**

#### Exkurs 1: Warum Theaterspiel im Unterricht?

Sieht man einmal davon ab, dass Theaterspielen nach heutigen Erkenntnissen – vor allem, wenn das mithilfe von Experten geschieht – viel mehr ist als *nur* Unterricht, weil es die ganze Bandbreite der menschlichen Fähigkeiten und Fertigkeiten zu fördern vermag[27], – dann ist auch das szenische Spiel in allen Formen und Varianten im *normalen* Deutschunterricht ein legitimer Beitrag zum Verständnis dieser literarischen Form nebst ihrer jeweiligen Aussage. Dies zu pflegen bedeutet, die Identifikation mit den jeweiligen Figuren zu fördern und damit den Einblick in die Motive ihres Handelns oder Nichthandelns zu vertiefen. Auf der anderen Seite vermittelt das Spiel einen Einblick in den Mikrokosmos Theater, der nicht nur Spaß macht, sondern auch verdeutlicht, dass dieser Kosmos nur funktionieren kann, wenn ein hohes Maß an Gemeinschaftssinn, Kooperation und Kommunikationsbereitschaft gewährleistet ist. Von daher gesehen erübrigt sich eigentlich eine weitere didaktische Rechtfertigung, und es ist letztlich immer nur eine Frage der Abwägung, was einem im jeweiligen Fall wichtiger erscheint bei der Erfüllung des Lehrauftrages, wenn man sich darauf einlässt.

#### Exkurs 2: Grundsätzliche Überlegungen

Wenn man sich nun einmal auf das Spiel im doppelten Sinn des Wortes eingelassen hat, dann sollte man das richtig tun. Frustrierend und eher kontraproduktiv sind alle Versuche so nach dem Motto: „In verteilten Rollen lesen oder mal anspielen und dergleichen …". Das bedeutet: Unvorbereitetes szenisches Spiel ist vergeudete Zeit, weil es in der Regel zu unbefriedigenden Ergebnissen führt, zu Albernheiten und Gelächter aufgrund von verklemmten, überforderten Spielern, die nicht aus sich herausgehen können, und wenn es dann doch einer mal tut, wird es mit Beifall-Gejaule quittiert, als wäre man in einer Wrestling-Veranstaltung.

- Vorbereitetes Spiel verlangt von allen, nicht nur von denen, die spielen sollen, Überlegungen darüber, wie sie die einzelnen Rollen in der oder jener Situation sehen, empfinden und sich vorstellen.
- Vorbereitetes Spiel verlangt eine vertiefte Auseinandersetzung mit dem Text. – Wie muss er gesprochen werden usw.?
- Vorbereitetes Spiel beginnt nicht mit dem Spiel selbst, sondern mit *„Warming up"*, mit Bewegen im freien Raum – alleine, paarweise oder in Gruppen, mit Übungen zum freien Sprechen.

[27] Siehe dazu: Brigitte Reinbacher-Kaulen: Theater statt Unterricht in Praxis Schule 5–10. Heft 1/2005, S. 35 ff.

Um es kurz zu machen: Es ist nicht davon die Rede, mit den Schülern eine aufführungswürdige Theaterszene zu gestalten, es ist davon die Rede, eine Spiel-Szene oder auch mehrere im Unterricht so ernsthaft vorzubereiten und umzusetzen, wie das auch mit den anderen Unterrichtsgegenständen geschieht, mit einer Textanalyse oder dem Niederschreiben einer Erörterung beispielsweise. Zu diesem Zweck kann man nicht einfach „einen Schalter umlegen" und anfangen, zu diesem Zweck müssen einige Vorarbeiten und Vorbereitungen getroffen werden.

**Exkurs 3: Alternativen zum Vorschlag (AB 13/14)**

Bei großen Klassen (etwa ab 28 Schülern) bietet es sich an, zwei oder drei weitere Gruppen zu bilden, welche ein Spiel außerhalb des Spiels vorbereiten:

**1. Spielszenen, welche Zivilcourage demonstrieren und welche anschließend diskutiert werden**

a) Der Polizist lässt sich am Ende von Szene 3 nicht mit *„Haarwasser"* abwimmeln, sondern bittet darum, sich die Sache ansehen zu dürfen.
- Wie verhält sich Biedermann?
- Verweigert er die Bitte?
- Welche Konsequenzen hat das, wenn der Polizist beharrlich bleibt (er hat natürlich keinen Hausdurchsuchungsbefehl)?
- Wie verhalten sich die Brandstifter?

b) Babette beobachtet schon in Szene 6, dass Biedermann Zündhölzer weitergibt, sie versucht das zu verhindern.
- Wie verhält sich Biedermann, wenn er seiner Rolle treu bleibt?
- Wie verhalten sich die Brandstifter?

Im Mittelpunkt der Diskussion stehen die Fragen:
- Wäre die Brandkatastrophe vermeidbar gewesen?
- Hätte der Verlauf des Geschehens verändert werden können? Wenn ja: durch wen? Auf welche Weise? Zu welchem Zeitpunkt / zu welchen Zeitpunkten?

**2. Eine Gerichtsszene**

Die Biedermanns und Anna haben die Katastrophe überlebt. Sie werden der Beihilfe zur Brandstiftung angeklagt.
- Richter, Staatsanwalt und Verteidiger müssen ihre Rollen hinsichtlich der rechtlichen Grundlagen vorbereiten.
- Sie müssen jeweils einen Fragekatalog erstellen, der schuldhaftes wie schuldminderndes Verhalten aufzuhellen ermöglicht.
- Gottlieb Biedermann, Babette, Anna, der Polizist und die Witwe Knechtling werden verhört. Sie antworten im Sinne der Bühnenhandlung, äußern sich zudem zu ihren Motiven.

Auch für diese Vorschläge gilt, was hinsichtlich Ernsthaftigkeit und Vorbereitungen dargelegt wurde. Vorschläge zur Vorbereitung finden die Schüler auf AB 13 und AB 14. Sie können entsprechend abgewandelt auch von den Spielern der Alternativ-Szenen übernommen werden, sofern diese gespielt werden.

Der zeitliche Rahmen aller Spielszenen ist nicht so umfangreich, wie er auf den ersten Blick vielleicht aussieht. Die als Alternative vorgeschlagenen Szenen könnten alle in einer Unterrichtsstunde vorgeführt und aufgearbeitet werden.

Der Szenenausschnitt aus Szene 6 sollte eine Stunde in Anspruch nehmen, sodass tatsächlich auch mit verschiedenen Darstellern geprobt werden kann.

Das Spiel (AB 13/14)

Gudrun Grimpe

AB 13

AB 14

## Gudrun Grimpe, Theaterpädagogin, Badische Landesbühne Bruchsal: „Warming up" und vorbereitende Übungen

Zeitlicher Rahmen: Eine Unterrichtsstunde

*Im Klassenzimmer wird Platz geschaffen, indem alle Tische an die Wände geschoben, ggf. aufeinandergestellt werden. Die Stühle werden in einem großen Kreis aufgestellt, evtl. anfangs mit den Sitzflächen unter den Tischen, damit für das „Warming-up" genügend Platz ist.*

### Warming-up / Einführung Körperhaltungen und -bewegungen

Alle stehen im Kreis, jeder mit etwas Platz zum linken und rechten Nachbarn.
Der Körper eines Schauspielers / einer Schauspielerin ist auf der Bühne meistens ganz zu sehen. Mit Körperhaltungen und -bewegungen, die möglichst klar und deutlich eingenommen bzw. ausgeführt werden, wird etwas über die jeweilige Figur und Situation auf der Bühne erzählt. Ein/e Schauspieler/-in sollte seinen / ihren Körper sehr bewusst einsetzen können; dies soll in dieser Übung ausprobiert werden.
Nacheinander macht jeweils ein/e Schüler/-in eine beliebige *Körperhaltung* vor, die anderen kopieren diese möglichst genau (eine Runde, d. h. jede/r macht einmal eine Haltung vor).

Zum Beispiel:

- Mit rechtem Arm geradeaus nach vorne zeigen, auf imaginären Gegenüber.
- Wie zum Empfangen eines Ritterschlags auf einem Bein knien, das andere Bein ist nach vorne gewinkelt, die Hände ruhen auf dem Oberschenkel des vorgewinkelten Beines.
- Auf dem Bauch liegen, den Kopf mit den Händen aufstützen.

Die Haltungen dürfen, müssen aber nicht sofort einen „Sinn" ergeben. Es soll möglichst fantasievoll mit den Ausdrucksmöglichkeiten des Körpers experimentiert werden, mit Haltungen im eher aufrechten Stand genauso wie auf mittlerer Höhe und am Boden.
Es folgt eine weitere Runde „Vormachen und Kopieren" nach obigem Prinzip mit *Bewegungen;* wieder soll möglichst frei ausprobiert werden.

### Haltungen, Aktionen auf / mit dem Stuhl

Alle sitzen im Kreis auf dem Stuhl. Nacheinander macht jede/r eine andere Möglichkeit vor, wie man sich auf dem Stuhl befinden kann (diesmal ohne Kopieren durch alle anderen). Keine Variante soll zweimal vorkommen, jede/r probiert eine andere, neue aus.
Spätestens nachdem die eher alltäglichen Sitzvarianten gezeigt wurden, können (und müssen) ungewöhnliche, nicht alltägliche Ideen gezeigt werden, zum Beispiel auf der Sitzfläche stehen oder mit dem Bauch quer darüberliegen.

### Mögliche Erweiterung

Beispielhaft zeigen einzelne Schüler/-innen und ggf. der/die Lehrer/-in in der Mitte des Kreises, wie man sich noch zu oder bei einem Stuhl postieren und wie man sich zu ihm verhalten kann; zum Beispiel: darunterliegen oder durchzwängen, aus mehreren Metern Abstand anschauen (sehnsuchtsvoll, verachtend usw.), den Stuhl zärtlich umarmen, brutal wegstoßen, genau untersuchen und ihn dabei drehen und wenden.

*Diese Erweiterung gibt Gelegenheit, ausführlicher auszuprobieren, was sich auf der Bühne alles erzählen lässt, auch und gerade mit nicht alltäglichen Mitteln.*

### Einen Platz überlassen, sich einen Platz erobern

Alle Schüler/-innen stehen im Kreis, in der Mitte steht ein Stuhl. Einzelne Schüler/-innen probieren aus: Auf welche unterschiedliche Arten kann ich jemand anderem diesen Stuhl bzw. Platz überlassen? Und wie kann der / die andere den Platz annehmen?

Zum Beispiel:

**höflich, widerwillig, genervt, wütend, abfällig, zärtlich, vorsichtig, nervös, unterwürfig**

*Diese Adjektive können auch an der Tafel aufgelistet werden.*

Auf welche Weise kann ich jemand anderen dazu bringen, dass er / sie mir seinen / ihren Platz überlässt? Welche Strategien kann ich dabei verfolgen?

Zum Beispiel:

- den anderen ablenken / vom Platz weglocken
- dem anderen drohen
- sich einschmeicheln, Komplimente machen
- Mitleid erregen, um Hilfe bitten
- einen triftigen Grund für die Platzübergabe überlegen / den anderen überzeugen
- so lange auf den anderen einreden, bis der den Platz abgibt, um endlich Ruhe zu haben

Ebenso wie unterschiedliche Strategien sind auch unterschiedliche Reaktionen auf dieselbe Strategie möglich.

*Wichtig ist hier, dass derjenige, dem der Platz / Stuhl (noch) gehört, wirklich mitspielt, beide Schüler/-innen ernsthaft zusammenspielen: Es soll dem anderen gelingen können, den Platz zu bekommen, aber nicht unbedingt jedesmal und auf jeden Fall nicht ohne Weiteres. Es soll nach Möglichkeit eine kurze Spielszene, ein Dialog entstehen.*

**Hinweis 1:**

„Warming-up" kann auch mit einfachen Bewegungs- und Sprechübungen geleistet werden.
Beispiele:

- Arme und Hände schütteln, abwechselnd in unterschiedlicher Richtung (rechts, links, nach vorne, nach hinten, in die Höhe)
- die Füße schütteln (nach vorne nach hinten, rechts, links)
- durcheinander gehen in individuell unterschiedlicher Richtung ohne sich berühren
- Paare bilden, einer/eine „erfindet" pantomimische Bewegung, welche der Partner/die Partnerin sofort nachahmt; dann tauschen
- Stimme gemeinsam auf Kommando (Zeichen) anschwellen bzw. abklingen lassen (von leise bis ganz laut und umgekehrt)
- an den Händen im Kreis fassen, auf einen zugehen, beim Zusammentreffen die Hände in die Höhe strecken und dabei einen lauten Schrei ausstoßen

**Hinweis 2:**

Die Lösung der Aufgabe zum Ende des Spiels („Jedermann"-Szene AB 14) ergibt sich auch aus AB 12 („Ich bin der Geist – von Knechtling"). Die Schüler sollen sich den Sachverhalt durch die zusammenfassende Formulierung noch einmal vergegenwärtigen und ihr Spiel dementsprechend gestalten.

### 2.4.6 Lehren und Transfer

Lösungshinweise

AB 15

Die abschließende Reflexions- und Schreibphase zu Frischs „Biedermann und die Brandstifter“ kann mit den Aufgaben auf AB 15 eingeleitet werden.

Hinweise zur Lösung von AB 15:

Das Unvermeidliche künden die Brandstifter in zwei verschiedenen Szenen an:

- *„Es kommt ja doch, Herr Biedermann, es kommt ja doch!“* (Schmitz in der 1. Szene / S. 18)
- *„Die Leute, die keinen Humor haben, sind genau so verloren, wenn's losgeht.“* (Eisenring, 4. Szene / S. 57)

Während Schmitz bei seiner Ankündigung noch nebulos vom *Gottesgericht* redet, ist Eisenrings Anspielung *„wenn es losgeht“* direkter und im Zusammenhang seiner augenblicklichen Tätigkeit unmissverständlich.
In der 6. Szene verabschieden sich die Brandstifter ebenso unmissverständlich. Zu diesem Zeitpunkt haben sie noch keine Streichhölzer:

- *„So machen wir's aber, Spaß beiseite. [...] Wir sind Brandstifter.“* (S. 79/80)

Frisch macht damit deutlich, dass es Handlungen gibt, welche unumkehrbar sind oder zumindest ab einem bestimmten Zeitpunkt unumkehrbar. So wäre die Katastrophe des Dritten Reiches möglicherweise 1933 abwendbar gewesen, 1939 wohl aber nicht mehr.

Für die Brandstifter ist die Übergabe der Streichhölzer ein Beleg dafür, dass Biedermann den Brandstiftern unausweichlich ausgeliefert ist. Für Biedermann ist es der letzte erbärmliche, hilflose Versuch, seine freundschaftliche Gesinnung zu belegen, um so doch noch Schonung vor der hereinbrechenden Katastrophe zu erlangen.

### Die Schreibaufgaben – Lösungshinweise

Lösungshinweise

AB 16

Max Frischs *Lehrstück ohne Lehre* ist ein Modell. Es zeigt modellhaft menschliches Handeln bzw. Nichthandeln in bestimmten Situationen. Die Spezies Mensch bringt es offenbar immer wieder fertig, sich salopp gesagt den Ast abzusägen, auf dem sie sitzt und sich Glauben zu machen, das würde sich schon irgendwie regeln. Wie es zu diesem Verhalten kommt, wie es durchschaubar und erklärbar wird, soll die erste Schreibaufgabe an Frischs Modell entwickeln.
Die zweite Schreibaufgabe reflektiert das Modell am konkreten Fall, leistet somit den notwendigen Transfer.

**Schreibaufgabe 1** soll die Schüler veranlassen, Biedermanns Haltung und sein Verhalten systematisch zu analysieren, welche die Katastrophe nicht nur ermöglichen, sondern auch verursachen.

### Erwartungen

- Biedermann zieht die Aufmerksamkeit der Brandstifter auf sich (Stammtischreden).
- Biedermann gewährt Obdachlosem Obdach, sein Verhalten ist dem Inhalt seiner Reden entgegengesetzt.
- Dieses Verhalten ist auch dem Verhalten gegenüber seinem Mitarbeiter Knechtling völlig entgegengesetzt.
- Biedermanns weiteres Verhalten und Tun wird bestimmt von
  - Angst
  - schlechtem Gewissen
  - Ausweichverhalten
  - Anbiederung und Anpassung

- Biedermann rechtfertigt Nichthandeln mit Vertrauen, das man aufbringen müsse.
- Er begreift die unerträglich gewordene Wahrheit nur noch als Scherz.
- Damit macht er sich nicht nur zum Mitwisser, sondern auch zum Wegbereiter einer Katastrophe, die nach seiner Hilfe bei der Verlegung der Zündschnur und der anschließenden Einladung unabwendbar geworden ist.

**Lösungshinweise**

**Schreibaufgabe 2** macht nun dieses Verhalten zum Gegenstand einer Erörterung mit dem Ziel, deutlich zu machen, dass Menschen immer wieder Situationen heraufbeschwören, obwohl deren negative Folgen absehbar und unausweichlich sind – wir nennen das „Biedermannprinzip". Des weiteren soll die Erörterung aufzeigen, dass die Menschen offenbar nicht in der Lage sind, aus diesem Verhalten die richtigen Lehren zu ziehen.
Unser Vorschlag als aktuelles Beispiel ist der gesamte Themenkomplex der Ressourcenvernichtung und der damit einhergehenden globalen Umweltgefährdung.

**Info 1**

**Info 2**

Ausgangspunkt bzw. dieser Erörterung könnten unsere geschichtliche Erfahrungen sein (Drittes Reich) sowie Frischs Tagebucheintrag von 1948 zu den Vorgängen in der damaligen Tschechoslowakei (siehe Hinweise **Info 1** S. 68). Das Info-Material (**Info 2**, S. 69) sowie die Bildmontage auf der Umschlagrückseite dieses Heftes geben die Richtung an, in der die Schüler zur Bewältigung der Aufgabe weiter recherchieren müssten, um die Aufgabe zu lösen.
Wichtig in diesem Zusammenhang ist, den Schülern klarzumachen, dass sie keinen „Umweltaufsatz" zu schreiben haben, sondern anhand des Umweltthemas das menschliche, Biedermann typische Verhalten reflektieren sollen. Nicht von ungefähr gebraucht der Beitrag zu dem Sachstandsbericht des Weltklimarates die Metapher „Kassandrarufe".

### Erwartungen – mögliche Gliederung[28]

1. Max Frisch, „Biedermann und die Brandstifter"
1.1 Inhaltsskizze (worum es geht)
1.2 Das „Biedermannprinzip" oder die Diskrepanz zwischen Reden und Handeln

2. Das *Lehrstück ohne Lehre* ist ein Modell
2.1 Erfahrungen aus dem Umsturz in der Tschechoslowakei 1948
2.2 Modell für die Machtübernahme der Nationalsozialisten

3. Das „Biedermannprinzip" ist nahezu allgegenwärtig
3.1 Erfahrungen aus dem Alltag
3.2 Klimawandel und drohende Klimakatastrophen
3.2.1 Antroprogener Klimawandel
3.2.2 Ökologischer Fußabdruck
3.2.3 Ressourcenverbrauch, Ressourcenmissbrauch
3.2.3 „Kassandrarufe" und die Folgen

[28] Informationen und Materialien zu dieser Thematik gib es viel. Wir verweisen hier auf die Unterrichtsmaterialien: Cornelia Zenner und Günter Krapp: *Umwelt und Energie*. Krapp & Gutknecht Verlag GmbH, Rot a. d. Rot 2007

### Konsequenzen, Folgerungen, Ausblick

**Schreibaufgabe 3** (kreativer Schreibanlass) – Diese Aufgabe ist so auf den Arbeitsblättern nicht abgedruckt. –

Die Bruchsaler Inszenierung zeigt den Polizisten und Anna andeutungsweise so, dass man als Zuschauer annehmen muss, dass sich zwischen den beiden ein Liebesverhältnis anbahnt. Also kann man davon ausgehen, dass die beiden irgendwann über das Arbeitsverhältnis von Anna bei den Biedermanns sprechen, zumal der Polizist schon einmal im Hause war.

Tobias Gondolf, Christiane Nothofer

- Schreibe einen Dialog zwischen Anna und dem Polizisten, welcher vor dem Gansessen zustande gekommen ist und in dessen Verlauf Anna auf die gegenwärtigen besonderen Ereignisse bei den Biedermanns zu sprechen kommt.
  Denke dir sorgfältig aus, welche Folgen der Inhalt dieses Gespräch für das weitere Verhalten der beiden nach sich führen könnte oder müsste.

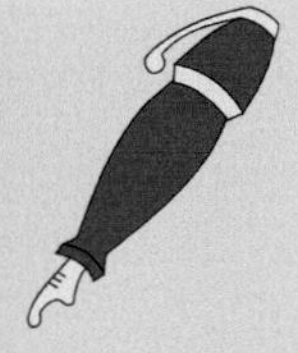

### Arbeiten mit Bildern

**Info 3**

Die Seiten mit den Arbeits- und Aufgabenblättern schließen mit **Info 3** (S. 70 ff. in diesem Heft). Die drei Seiten enthalten Bilder zum Bühnenbild, zum Chor und zum Thema „Situationskomik“. Sie dienen einmal als Anregung für Schüler, welche die DVD nicht sehen können, um sich in eine moderne Inszenierung einfühlen zu können. Zum anderen lassen sich die Bilder zu verschiedenen Anlässen im Unterricht einsetzen:

1. Wenn die **„Spezialisten“** ihre Beobachtungen zum Chor vorstellen, z. B. nach Besprechen der 6. Szene – UE 4. Die Grundfragen: *Wer ist der Chor, wie tritt er auf, wo steht er?* lassen sich auch mit Bildern auf S. 70 und 71 beantworten.
2. Als Ergänzung zu **„Funktion des Komischen“** (S. 39 ff. in diesem Heft) eignen sich Bilder auf S. 72. Komisch sind in dem Text auch das Spiel, die Mimik und Gestik sowie die besonderen Einfälle der Regie.
3. Als **Anschauungsmaterial** zur UE 5 *„Theater spielen im Unterricht“* (S. 41 ff. in diesem Heft). Hierzu eigenen sich alle Bilder gleichermaßen, weil sie die Vorstellung der Schüler stützen können, wo und wie gespielt wird bzw. werden kann.
4. Anlass für **Schreibanlässe**, z. B.: Babette und Anna sind „Beobachter“ der 3. oder der 4. Szene (Bild S. 71). Was denken sie sich dabei? Es bietet sich ein **innerer Monolog** aus der Perspektive jeweils einer der beiden Figuren an.

## Der Chor

### Aufgabe

- Lest gemeinsam und laut, was der Chor und der Chorführer im Prolog von „Biedermann und die Brandstifter" sagen.
- Dazu unterteilt ihr zuerst den Text in drei Abschnitte. Die *Turmuhr* markiert das Ende des ersten bzw. des zweiten Abschnittes.
- Der erste Abschnitt wird von vier Schüler/-innen als Chor, plus einem / einer Schüler/-in als Chorführer gelesen.
- Der zweite Abschnitt von acht plus zwei Schüler/-innen.
- Den dritten Abschnitt trägt die gesamte Klasse vor, ohne dass zwischen Chor und Chorführer unterschieden wird.
- Übt in jedem Abschnitt / in jeder Formation so zu sprechen, dass deutlich zu verstehen ist, was ihr sagt und das Gesagte lebendig und spannend klingt, nicht schwerfällig.

  Die Sache wird umso schwieriger, je mehr Sprecher/-innen es gibt. Schnell wird klar, dass es am besten geht, wenn sich die Sprecher/-innen für jeden Satz auf eine bestimmte Sprechweise einigen.

### Problemstellung

- Wie könnte man den Vortrag gestalten?
- Sammelt gemeinsam in Stichworten an der Tafel, was sich beim Sprechen alles variieren bzw. einsetzen lässt, z. B. Betonung, Tonlage, Tonfall, Lautstärke, Tempo, Pausen, Wiederholungen, Überlappungen.
- Erarbeitet in Kleingruppen (drei bis fünf Schüler/-innen) zu einer von euch ausgewählten Textpassage eures jeweiligen Abschnittes jeweils eine bestimmte Vortragsweise, indem ihr Wort für Wort, Satz für Satz festlegt, wer wie spricht, ob allein oder im Chor.
- Die von Frisch vorgesehene Aufteilung zwischen Chor und Chorführer braucht ihr in diesem Fall nicht beibehalten.
- Jede Gruppe trägt anschließend ihre Variante in der Klasse vor.

**Info – Zwischenüberlegungen**

Bevor ihr versucht, aus dem Vortrag mehr zu machen, als ihn nur zu sprechen, solltet ihr wissen, woher Frischs Idee mit diesem Chor stammt:

*Ungeheuer ist viel, und nichts*
*ungeheurer als der Mensch.*
*Der nämlich, über das graue Meer*
*im stürmischen Süd fährt er dahin,*
*andringend unter rings*
*umrauschenden Wogen. Die Erde auch,*
*der Göttlichen höchste, die nimmer vergeht*
*und nimmer ermüdet, schöpfet er aus*
*und wühlt, die Pflugschar pressend, Jahr*
*um Jahr mit Rössern und Mäulern [...]*

So leitet **442 v. Chr.** der griechische Dichter **Sophokles** die Handlung seiner Tragödie **„Antigone"** ein. Dieses Chor-Lied ist weltberühmt geworden, weil es etwas ausspricht, was bis heute Gültigkeit hat:

> Der Mensch ist aufgrund seiner Eigenschaften und Fähigkeiten in der Lage, große Gefahren zu bestehen und sich die Erde nutzbar zu machen. Aber er gebraucht diese Eigenschaften und Fähigkeiten im Guten wie im Bösen.

Aufgabe

- Beobachtet und notiert, wenn ihr euch die erste Szene anseht, welche Wirkung es auf euch hat, wenn die Schauspieler der Figuren die Rolle des Chors übernehmen, sich also „verwandeln" und ihr eigenes Tun kommentieren (hier: Der Dr. phil. – tritt später auf – Babette, Anna und Witwe Knechtling, verwandelt als Chor der Feuerwehrleute).

**Die Figuren der Handlung verwandeln sich in den Chor:**

Aufgabe

- Beobachtet den Chor im weiteren Verlauf des Stückes und notiert euch in der Tabelle zu den Themen, welche der Chor anspricht.
  - Was will er bzw. was tut er?
  - Was sieht er, beobachtet er?
  - Welche Gedanken macht er sich?

  Diese Aufgabe könnte auf fünf „Spezialisten-Gruppen" aus der Klasse verteilt werden, welche ihre Ergebnisse nach den Leseaufträgen (bzw. nach dem Anschauen der jeweiligen Szenen auf der DVD) der Klasse mitteilen.

| Szene | Thema / Themen |
|---|---|
| Vor Szene 1 | |
| Vor Szene 2 | |
| Vor Szene 3 | |
| Vor Szene 4 | |
| Vor Szene 5 | |
| Vor Szene 6 | Kein Chor (Biedermann spricht zum Chor bzw. zum Publikum) |
| Nach Szene 6 | |

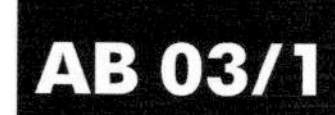


## Szene 1: Was die Figuren sagen und was sie tun

- Wenn ihr die 1. Szene gesehen bzw. gelesen habt, werdet ihr euch sicher über Biedermanns Verhalten gewundert haben. Da scheinen das, was er sagt und was er tatsächlich tut, zweierlei Dinge zu sein. Das sollt ihr näher unter-suchen.

**Biedermann sagt über ...**

... die Brandstifter:

... den „Hausierer", den Anna ankündigt:

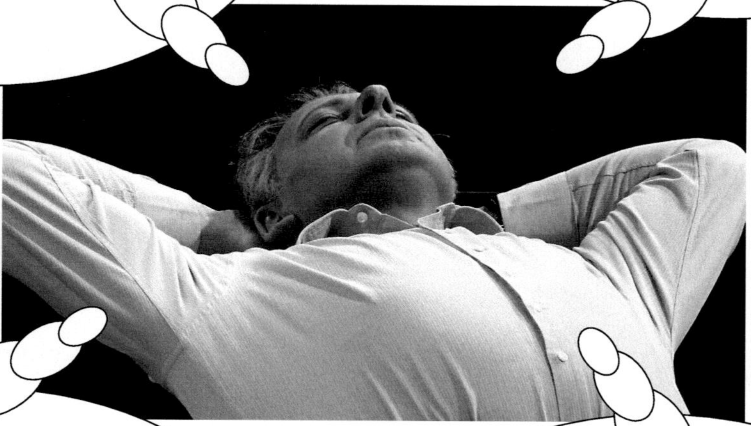

... seine Frau Babette, als er sie kommen hört:

... Knechtling – und wie rechtfertigt er sein Handeln ihm gegenüber:

**Aber – wie verhält er sich gegenüber Schmitz, Knechtling und gegenüber Babette?**

Schmitz sagt ...

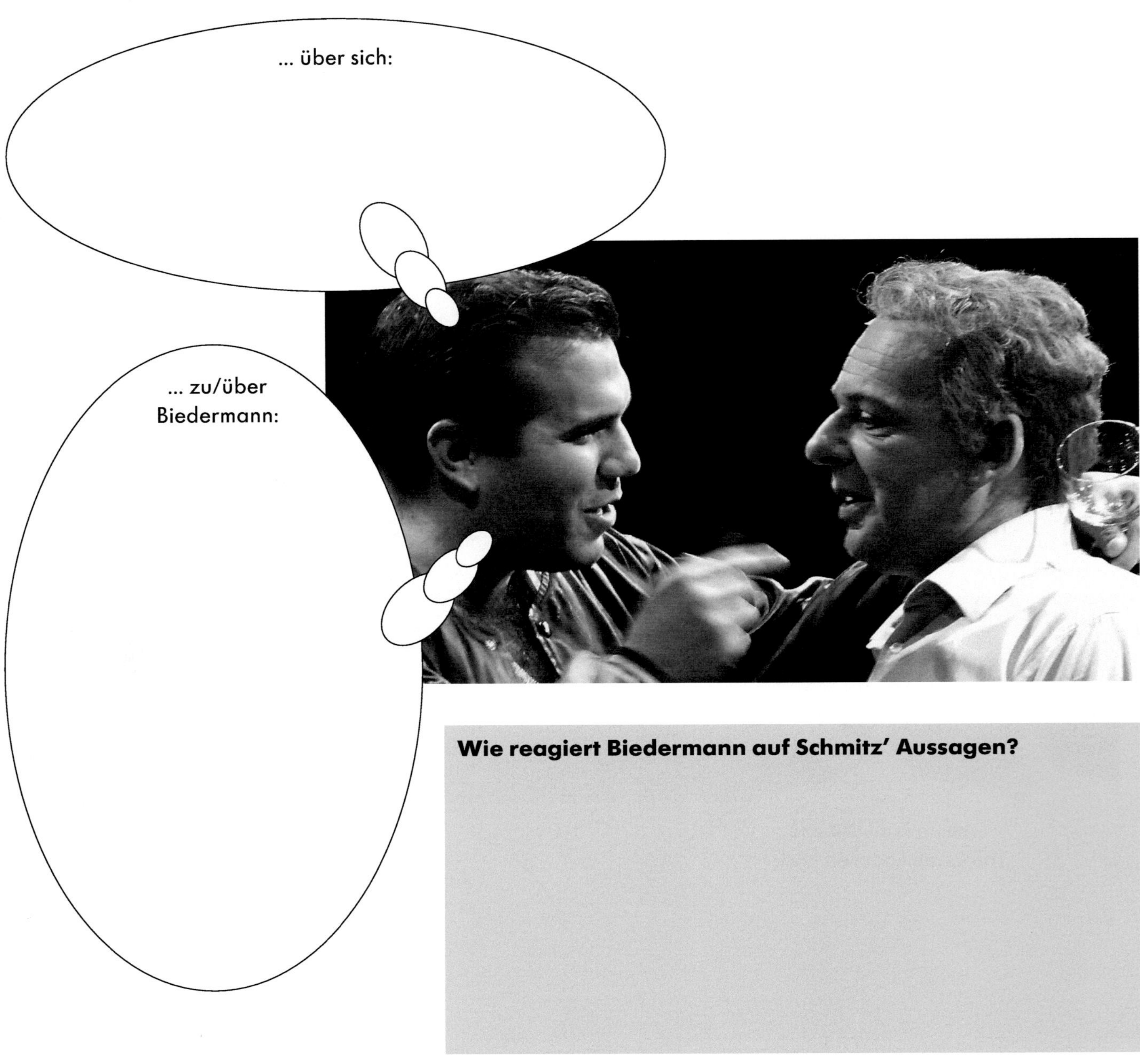


**Wie reagiert Biedermann auf Schmitz' Aussagen?**

**Wie verhält sich Schmitz Anna gegenüber? Was schließt du daraus?**

**Kommentiere Biedermanns Verhalten** (bezogen auf das, was er sagt, was er tut, wie er auf Schmitz' Reden reagiert):

**Halten wir fest:**

- Biedermann bewirtet einen Obdachlosen und lässt ihn auf dem Dachboden schlafen.
- Seine Frau soll möglichst nichts davon mitbekommen.
- Biedermann verweigert seinem Geschäftspartner eine Geschäftsbeteiligung.

## Szene 2: Wer ist hier gutmütig?

### Aufgaben

Biedermann hat seiner Frau Babette den Schwarzen Peter zugeschoben: Sie soll Schmitz wieder loswerden.

1. Lies / beobachte genau, warum sie das nicht schafft.
2. Kommentiere ihr Verhalten:
   - wie sie mit Schmitz spricht
   - das üppige Frühstück
   - ihr Erschrecken nach Schmitz' Ankündigung *„Ich geh"*

**Babette und Schmitz:**

Die Bruchsaler Inszenierung (DVD) deutet noch auf ein Motiv, das Frisch möglicherweise so nicht gesehen hat, das aber durchaus denkbar bzw. vorstellbar ist.

**Kommentiere dieses Motiv:**

Fazit:

→ Wir haben einen offensichtlich wohlhabenden Bürger,
- der Brandstifter aufhängen will,
- aber einem fremden Obdachlosen auf dem Dachboden Obdach gewährt.

→ Wir haben seine Ehefrau,
- die ihren Mann, diesen wohlhabenden Bürger, für zu gutmütig hält,
- aber den Obdachlosen im Haus behält.

→ Und wir haben einen Obdachlosen,
- vor dem Anna offensichtlich Angst hat,
- der meint, solche Menschen wie diesen Bürger brauche man.

- Die Widersprüchlichkeit dieser Figuren lässt sich anhand dessen, was sie sagen und tatsächlich tun, offenlegen. Trage also die bisherigen Beobachtungen zusammenfassend in die unten stehende Tabelle ein.

| Figur | sagt | handelt |
|---|---|---|
| **Biedermann** über Brandstifter und Hausierer | | |
| **Biedermann** über Knechtling | | |
| **Schmitz** über sich | | |
| **Schmitz** über Biedermann | | |
| **Schmitz** über Vertrauen bzw. Misstrauen und Menschlichkeit | | |
| **Babette** über Biedermann | | |
| **Babette** über/zu Schmitz | | |

**Und Anna, wie verhält sie sich und wie gehen die anderen mit ihr um?**

- Aus Annas Mimik und anhand ihrer Körpersprache lässt sich leicht erschließen, wie sich Anna fühlt, was sie von Schmitz hält und wie sie die ganze Situation einschätzt.
  Tragt eure Erkenntnisse dazu ebenfalls in das Textfeld oben ein.
  (Anna in der Mitte, Babette links, Schmitz rechts)

## Szene 3: Blind oder beschränkt oder was sonst?

### Aufgaben

Bildet, nachdem ihr die Szene 3 gelesen bzw. gesehen habt, 7 Gruppen (3 bis 4 Mitglieder, je nach Größe der Klasse) und besprecht bzw. löst die unten stehenden Aufgaben.
Formiert anschließend die Gruppen neu, sodass jede Gruppe über die jeweiligen Ergebnisse der Gruppenarbeit informiert werden kann.
Jede Gruppe fertigt anschließend ein kleines Plakat an. Darauf stehen übersichtlich und mit wenig Worten die Kernpunkte eurer Gruppenarbeit. Befestigt diese auf einer Pinnwand.

**Gruppe 1**
Schmitz und Eisenring unterhalten sich am Beginn von Szene 3.
- Worüber sprechen sie?
- Wie versteht ihr Eisenrings Behauptung *„Jeder Bürger ist strafbar, genaugenommen, von einem gewissen Einkommen an."*
- Nehmt auch Stellung zu dieser Behauptung.

**Gruppe 2**
Biedermann pocht gänzlich außer sich an die Tür und will Schmitz hinauswerfen.
- Warum macht er es doch nicht?
- Beschreibt, wie sich Eisenring in dieser Anfangssituation verhält. Wie spricht er mit Biedermann?

**Gruppe 3**
Stellt die Anzahl der Fragen Biedermanns fest, und zwar ab dem Zeitpunkt, als er Eisenring bemerkt (S. 36 oben). Zählt auch die wiederholten Fragen und jene, die nur aus einem Wort bestehen.
- Besprecht, inwiefern diese Fragen überhaupt sinnvoll sind und ob er sinnvolle Antworten bekommt.
- Besprecht in der Gruppe, was sich aus diesen Sachverhalten über Biedermann selbst und über Schmitz/Eisenring schließen lässt.

**Gruppe 4**
Während der ganzen Szene und vor allem während des „Verhörs" über Benzinfässer „spielen" Schmitz und Eisenring gegenüber Biedermann „Theater" – sie gaukeln ihm etwas vor, was sich sehr genau an ihrem Verhalten und an der Art, wie sie mit Biedermann reden, beobachten lässt.
- Beschreibt diesen Sachverhalt.
- Beschreibt die Rollen, die Schmitz und Eisenring gegenüber Biedermann spielen.

**Gruppe 5**
Gegen Ende der Szene sagt Biedermann *„Wenn Sie diese Fässer nicht augenblicklich aus dem Haus schaffen, aber augenblicklich! sag ich –"*
Und Eisenring ergänzt: *„Dann rufen Sie die Polizei."* (S. 40)
Sekunden später steht die Polizei vor der Dachbodentür – und Biedermann sagt nichts!
Schlimmer noch – auf die Frage des Polizisten, was er denn in den Fässern habe, antwortet er *„Haarwasser"* (S. 42).
- Auch wenn euch dieses Verhalten noch so unsinnig vorkommt, diskutiert es!
- Max Frisch hält dieses Verhalten für alltäglich, d. h., man kann es immer wieder in allen Lebenslagen und Lebensbereichen beobachten. Diskutiert auch diese Auffassung und sucht nach Beispielen.

**Gruppe 6**
Untersucht den Dialog Biedermann – Chor, bzw. Chorführer (S. 41 ff.).
- Was drückt der Chor mit den „Wehe-Rufen" aus, wie reagiert Biedermann darauf?
- Womit rechtfertigt sich Biedermann? Bewertet diese Rechtfertigungen.
- Was ist von seiner folgenden Aussage zu halten: *„Ich war drauf und dran, die beiden Halunken zu wecken und auf die Straße zu werfen – mitsamt ihren Fässern! – eigenhändig, rücksichtslos, mitten in der Nacht!"* (S. 48)
  Begründet eure Bewertung!

*Anmerkung:* Defaitismus – systematisches Schlechtreden einer Sache, einer Situation, eines Vorgangs

**Gruppe 7**
Es war das Schicksal Kassandras, der Tochter des trojanischen Königs Priamos, die Zukunft, z. B. ein Unglück, vorherzusehen und davor zu warnen. Allerdings konnte sie kein einziges Unglück, das sie kommen sah, keine Katastrophe, vor der sie warnte, verhindern. So beschwor sie vergeblich den drohenden Untergang Trojas angesichts des hölzernen Pferdes. Sie fand kein Gehör. Seither spricht man bei vergleichbaren Aktionen bzw. Handlungen von „Kassandra-Rufen".
- Was hat Kassandra und ihr Schicksal mit „Biedermann und die Brandstifter" zu tun? Führt dies näher aus!

*Anmerkung:* Konzentriert euch bei dieser Aufgabe auf die Chorszene im Anschluss an Szene 3!

## Der Chor stellt Biedermann zur Rede

### Schreibaufgabe 1

BIEDERMANN: *Ich weiß wirklich nicht, was Sie wünschen.*

CHORFÜHRER: *Daß du sie duldest, die Fässer voll Brennstoff, Biedermann Gottlieb, wie hast du's gedeutet?*

[...]

BIEDERMANN: *Meine Herren, ich bin ein freier Bürger. Ich kann denken, was ich will. Was sollen diese Fragen? Ich habe das Recht, meine Herren, überhaupt nichts zu denken – ganz abgesehen davon, meine Herren: Was unter meinem Dach geschieht – ich muss schon sagen, schließlich und endlich bin ich der Hauseigentümer! ...* (S. 46)

- Antworte auf diese Haltung Biedermanns in einem offenen Brief, in dem du **argumentierst**, dass es Situationen gibt, in denen man sich nicht hinter seiner Privatsphäre verstecken kann und darf, weil das eigene Verhalten Folgen für andere, für die Gemeinschaft hat, man also folglich Verantwortung übernehmen muss für das, was man tut und für das, was man unterlässt.

### Schreibaufgabe 2

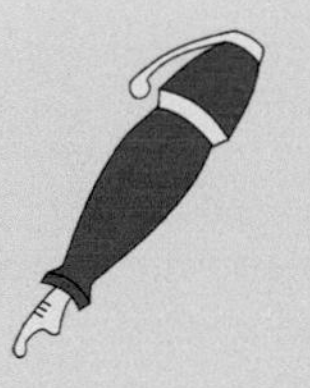

*„Ich habe mir die allerschwersten Gedanken gemacht – auf den Tisch bin ich gestiegen, um zu horchen, und später sogar auf den Schrank, um mein Ohr an die Zimmerdecke zu legen. Jawohl! Geschnarcht haben sie. Geschnarcht! Mindestens vier Mal bin ich auf den Schrank gestiegen. Ganz friedlich geschnarcht! ... Und trotzdem: – Einmal stand ich schon draußen im Treppenhaus, ob Sie's glauben oder nicht, im Pyjama – vor Wut. Ich war drauf und dran, die beiden Halunken zu wecken und auf die Straße zu werfen – mitsamt ihren Fässern!"* (S. 48)

- Schreibe einen inneren Monolog, wie sich Biedermann *„die allerschwersten Gedanken"* macht , und wie er nach mehrmaligem Horchen drauf und dran ist , die *„Halunken"* auf die Straße zu werfen, um es dann doch nicht zu tun.

## Szene 4: Die beste Tarnung ist die Wahrheit

### Aufgabe

1. Notiere Biedermanns Begründung gegenüber Babette für seine Einladung zum Gansessen.
2. Wie betritt Biedermann den Dachboden? Wie verhält er sich gegenüber Eisenring? Vergleicht diesen Auftritt mit Szene 3.
3. Beobachte und notierte, wie sich Biedermann in dieser Szene gegenüber der Wirklichkeit, der Wahrheit verhält (Holzwolle, Zündschnur, Zündkapsel).

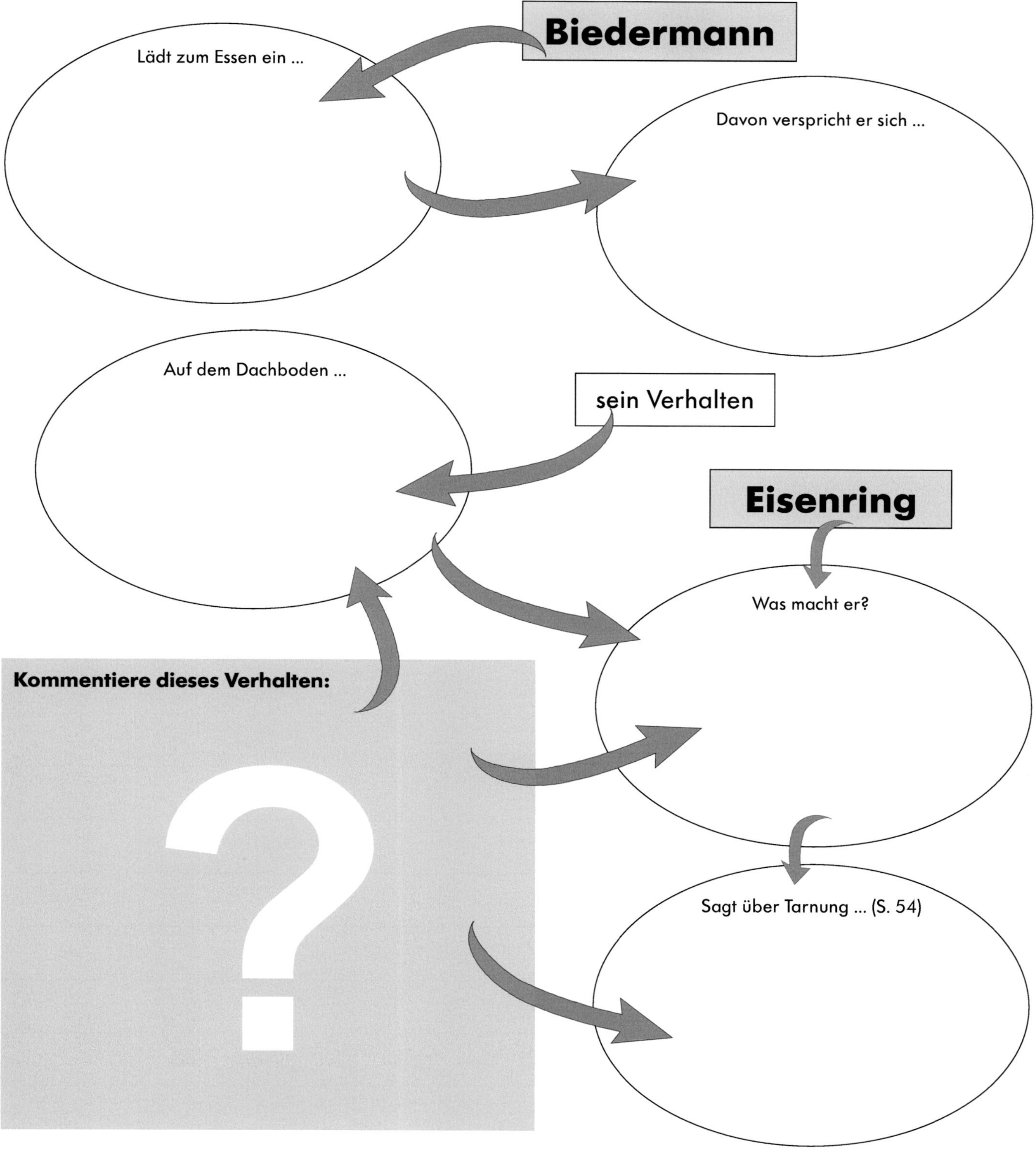

## Szene 5: Messerbänkchen und Kandelaber

### Der Sachverhalt – Inhaltssicherung

- Biedermann wimmelt die Witwe Knechtling ab. Wie, womit?

- Biedermann gibt Anna genaue Anweisungen. Welche? Wie begründet er diese?

- Die Brandstifter haben keine Holzwolle bekommen, und sie haben keine Zündhölzer. Folgen?

- Biedermann tritt an die Rampe und spricht zum Publikum (bzw. zum Chor – *„meine Herren"*). Was sagt er?

## Szene 6: Da hört der Spaß auf

### Halten wir fest:

Ab der vierten Szene ändert Biedermann seine Strategie, also die Art und Weise seines Umgangs mit den Brandstiftern wie auch die Mittel, die er einsetzt, um mit der Konfrontation „Brandstifter unterm eigenen Dach" fertig zu werden. Beispiele bzw. Belege dafür:

- Einladung zum Essen, damit ...

  ______________________________

- Keine Messerbänkchen, kein Damasttischtuch, keine Kandelaber usw., weil ...

  ______________________________

- Holzwolle, Zündschnur und Zündkapsel fasst er auf als ...

  ______________________________

→ Biedermann erträgt die **brutale Wirklichkeit** nur noch, wenn er sie als **Scherz** erklärt.
→ Schmitz und Eisenring behandelt er zuvorkommend und übertrieben **höflich**.
→ Aber gegenüber der Witwe Knechtling verhält er sich nach wie vor **unnachgiebig** und **brutal**.

**Ein seltsamer Widerspruch!**

In **Szene 6** „überschlagen" sich komische bzw. groteske Vorkommnisse, Handlungen oder Stellungnahmen seitens der verschiedenen Figuren.
Auf diesem Szenenfoto sind gleich zwei festgehalten.

### Aufgabe

- Liste alle diese komischen, grotesken Vorkommnisse, Handlungen oder Aussagen der Figuren in deinem Heft auf und kommentiere diese Komik. Bedenke, dass sich, sollten die Brandstifter Erfolg haben, eine Katastrophe abzeichnet!
  Lege dazu eine Tabelle nach dem auf der nächsten Seite aufgeführten Muster an.

**grotesk:** willkürlich verzerrt, stark übersteigert, absonderlich übertrieben, lächerlich wirkend

Muster zum Eintrag der Lösungen (Aufgabe AB 11/1):

| **Komisch, grotesk ist:** | **Beteiligte Figuren:** | **Mein Kommentar dazu:** |
| --- | --- | --- |
| | | |

## „Jedermann! Biedermann! – Ich bin der Geist – von Knechtling"

Schmitz als Jedermann

Der **Höhepunkt der Groteske** in Szene 6 ist Schmitz' **Jedermann**-Auftritt. Eine Szene mit solch derber Komik nennt man Posse (eigentlich bedeutet dieses Wort „Narrenstück"). Zum Verständnis der Hintergründigkeit dieser Possenszene benötigst du Informationen und danach sollst du ein paar Überlegungen anstellen.

### **Info:** Hugo von Hoffmannsthal, **„Jedermann"**

Seit 1920 wird in Salzburg auf dem Platz vor dem Salzburger Dom Hofmannsthals „Jedermann" jährlich aufgeführt.

In dem Stück geht es darum, dass ein reicher Bürger (Jedermann), der Schuldnern gegenüber keine Gnade kennt und der auch ansonsten ein wenig gottesfürchtiges Leben führt, während eines Festes eine Stimme hört, die ihn mehrfach anruft: *„Jedermann!"*. Es ist der Tod, der ihn holen will.
Erst jetzt wird Jedermann sich seines schlechten Charakters bewusst, und er bittet den Tod, ihm eine kurze Frist zu gewähren. Er will einen Freund suchen, der mit ihm vor das Gericht Gottes tritt. Der Tod gewährt ihm schließlich die Frist von einer Stunde.
Jedermann gewinnt seinen Glauben an Gott mithilfe eines Mönches wieder. Als der Tod kommt, um ihn in die Hölle zu schicken, ist ihm Jedermanns Seele durch Gottes Gnade entrissen. Jedermann tritt vor den Richterstuhl Gottes. Er hat keinen Freund gefunden, aber seinen Glauben, welcher ihn in Gestalt einer Frau begleitet.

In der Theaterwelt gilt es als Ehre und besondere Auszeichnung, in Salzburg eine der Hauptfiguren spielen zu dürfen. Deshalb werden dafür nur die berühmtesten Theaterschauspieler ausgewählt. Man kann sich demnach vorstellen, dass es nur durch sehr lange Vorbestellungen möglich ist, an Eintrittskarten heranzukommen. Und natürlich will man da auch als Zuschauer, wie bei anderen spektakulären Veranstaltungen, wo so viel Prominenz zu sehen ist, gesehen werden.

„Ich bin der Geist – von Knechtling"

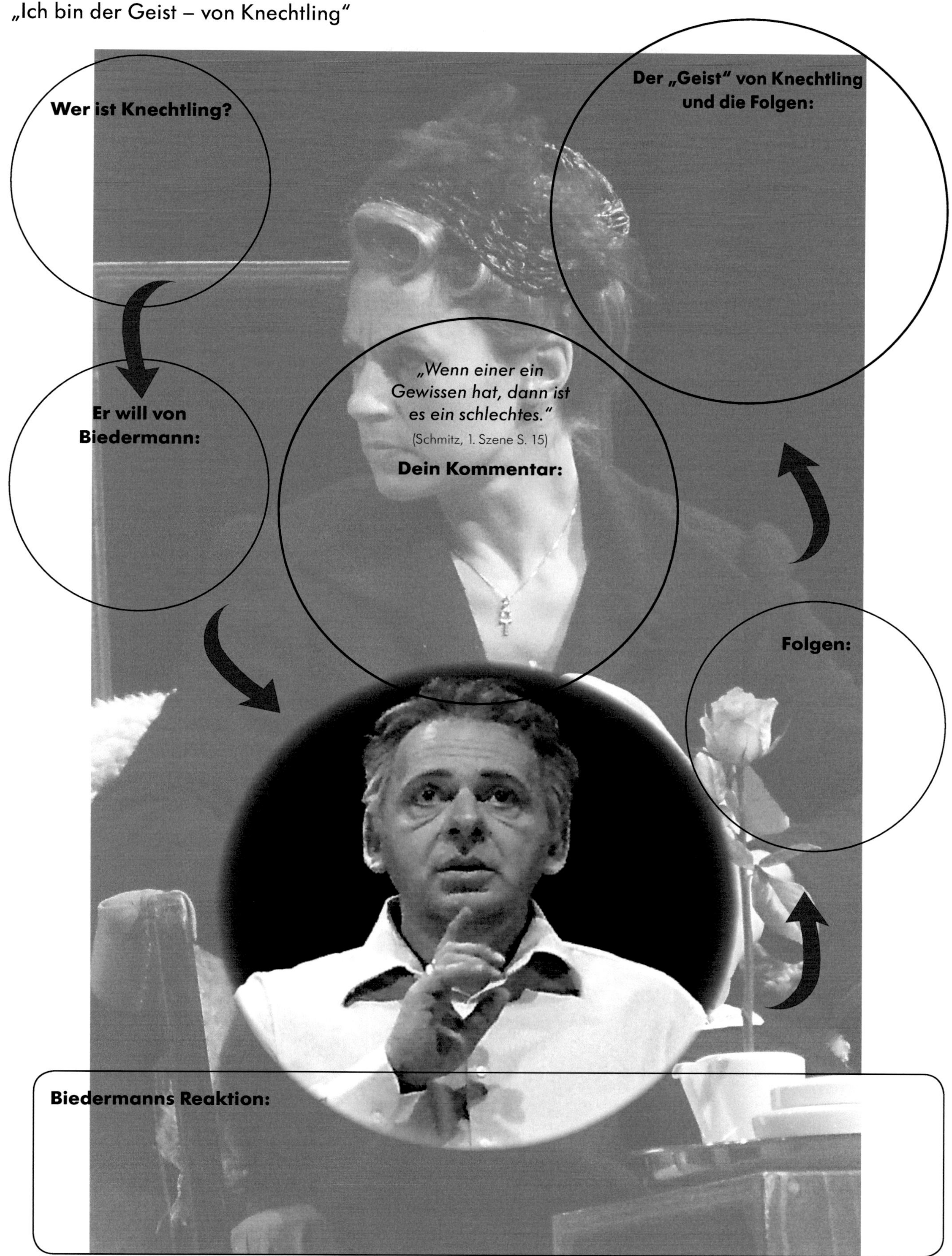

## Szene lesen und ausprobieren: Die „Jedermann"-Szene

### 1. Vorbemerkung

Um eine Spiel- oder Theaterszene auszuprobieren, muss nicht nur der (meistens wenig umfangreiche) Text gelernt werden. Wer eine Szenenrolle übernimmt, spielt diese ernsthaft, er versucht sich mit der Figur zu identifizieren.
Um diesem Anspruch gerecht zu werden und um die oben beschriebenen Schwierigkeiten abzufangen, sollt ihr eine Szene nach folgendem Verfahren ausprobieren:

### 2. Vorbereitung

a) Lest sorgfältig (aus Szene 6) von S. 74 unten ab: *„Es leuchten viele Kerzen"* (Bühnenanweisung) bis S. 78 oben, wo Biedermann sagt: *„Setzen wir uns"*.

b) Notiert kurz, was vor dem zu lesenden Ausschnitt geschehen ist, bzw. worüber gesprochen wurde, um den Zusammenhang zur Auswahlszene herzustellen.

c) Macht euch Notizen:
- Zum Text – wie müsste er gesprochen werden?
- Zur Komik – wie lässt sich das Komische, das Groteske darstellen, ohne dass es nur lächerlich wirkt?
- Wie lässt sich die Angst, die Beklemmung, die hinter dieser Komik steht, darstellen?

d) Ein kleiner Teil des Textes ist auswendigzulernen, um das Spiel effektiver zu gestalten. Das sollte jeder von euch tun, weil die Spieler ausgelost werden bzw. weil mehrere Versuche mit verschiedenen Spielern gemacht werden. Auswendiglernen von: S. 76, das 2. Mal Schmitz: *„Können wir?"* bis S. 77 (Mitte) Eisenring: *„Stop"*.

**Anmerkung:** Man kann vorher festlegen (auslosen!), wer von euch welche Rolle lernt. (Denkt daran: Mehrfachbesetzung der Rollen!)

### 3. Spiel als Probe

Besprecht, bevor ihr loslegt,
- welche Requisiten ihr braucht (z. B. das Tuch für den Geist),
- die Position der Figuren in der Szene,
- die Haltung, die Gestimmtheit der Figuren (Hilfe dazu: Foto auf der nächsten Seite).

Spielt die Szene mehrmals und besprecht euer Spiel:
- Welche Rollen müssen eventuell korrigiert werden (z. B. das Sprechen, die Haltung, die Positionierung)?
- Was vermittelt das Spiel, was das Lesen nicht leistet?

Dieses Szenenfoto mag euch helfen, die Szene lebendig werden zu lassen, denn jede Figur ist durch eine bestimmte Haltung gekennzeichnet:

- **Anna fürchtet sich.**
- **Eisenring führt Regie.**
- **Babette freut sich (sie hat ja das Stück mit ihrem Mann in Salzburg gesehen!).**
- **Biedermann ist skeptisch und erwartungsvoll.**

## 4. Das Ende des Spiels

Das Spiel endet mit einem Eklat. Spielt ihn, so gut es euch möglich ist. Schmitz' *„Ich bin der Geist – von Knechtling"* zeigt, dass die Nerven aller Beteiligten, auch die von Eisenring, blank liegen – aus verschiedenen Gründen.

Dieser letzten Geste – der Übergabe der Streichhölzer – bedarf es eigentlich nicht mehr, die Katastrophe ist wie in der Tragödie der Antike unabwendbar geworden.

**Warum?**

**Warum ist es dennoch für beide Seiten, für die Brandstifter und mehr noch für Biedermann wichtig, was hier geschieht?**

## Schreibaufgabe 1

Dieses Foto – die Hand Biedermanns mit dem brennenden Streichholz – **verbildlicht den gesamten Inhalt** von Frischs *Lehrstück ohne Lehre* „Biedermann und die Brandstifter".

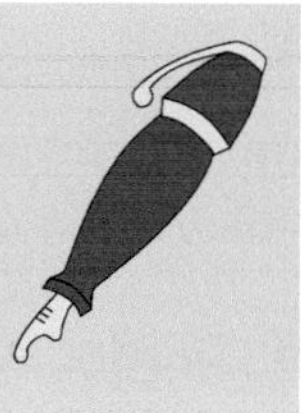

- Entwickle diesen Sachverhalt aus dem Verlauf des Stückes und belege ihn mit Aussagen und Handlungen der Hauptfigur.

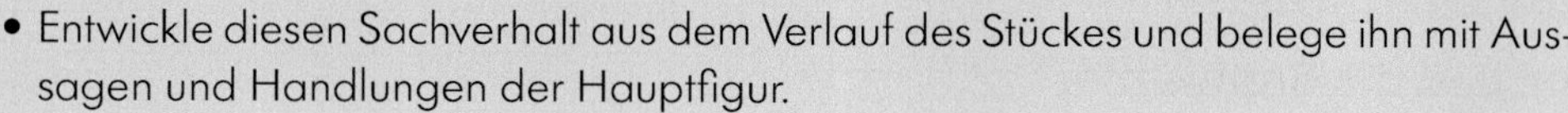

Der Dr. phil., der Intellektuelle unter den Brandstiftern, lehnt die Motive von Schmitz und Eisenring ab und distanziert sich von deren Taten, welche er aber ganz offensichtlich eine zeitlang mitgetragen hat (siehe Szene 4, S. 59, „Biedermann"). Allerdings geht seine Rede im Lärm der Feuerkatastrophe unter – *verpufft* ungehört, weil ihr Inhalt keine Bedeutung mehr hat.

## Schreibaufgabe 2

*Lehrstück* nennt man ein Theaterstück, welches dem Zuschauer eine allgemeingültige Erkenntnis, eine Lehre vermittelt, so wie man das beispielsweise von der Fabel kennt. Bertolt Brechts Stücke gehören vielfach zu diesem Typus.

*Lehrstück ohne Lehre* ist ein Paradoxon, also eine Aussage, welche in sich widersprüchlich, ihrem Sinn entgegengesetzt ist.

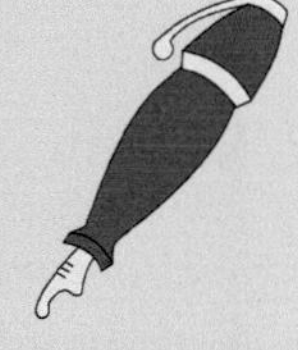

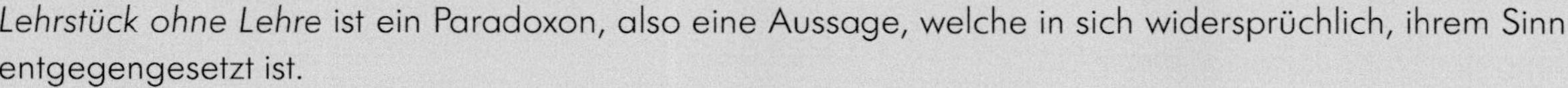

- Erörtere an einem aktuellen Beispiel, was Frischs „Biedermann und die Brandstifter" für eine Erkenntnis enthält, welche der Zuschauer als Lehre mit nach Hause nehmen müsste, was aber nicht geschieht, weil der Zuschauer – die Menschen – daraus keine Folgerungen ziehen.

**Hinweis:**

Zur Lösung dieser Aufgabe solltest du dich auch mit den **Hintergrundinformationen auf den Infoseiten 1 und 2** beschäftigen.

# Das „Biedermannprinzip" – Biedermann ist Jedermann

### Definition

Als „Biedermannprinzip" bezeichnen wir ein Verhalten, das ein Unglück, eine Katastrophe nicht nur wissentlich zulässt, indem man die Augen schließt, sondern auch durch das eigenes Tun erst ermöglicht.

## 1. Entstehung von „Biedermann und die Brandstifter"

### • Umsturz in der Tschechoslowakei 1948

Nach der Befreiung von der Nazi-Herrschaft durch die Rote Armee der Sowjetunion im Jahre 1945 entstand in der Tschechoslowakei ein politisches Regierungssystem von fünf Parteien, unter ihnen die Kommunisten. Die Nichtkommunisten glaubten, dieses System wäre ein vorbildlicher Kompromiss zwischen kommunistischer Diktatur und kapitalistischer Demokratie. Diese *Volksdemokratie* sollte beweisen, dass der Weg zum Sozialismus nicht nur über die Diktatur des Proletariats führe. Diese Einschätzung teilte damals auch Max Frisch (siehe Tagebucheintrag unten).
Die Kommunisten arbeiteten aber von Anfang an mit allen Mitteln auf das Ziel hin, die Macht zu übernehmen, und so kam es im Februar 1948 zu einer Regierungskrise, in deren Verlauf die Regierung zurücktrat und die Kommunisten alleine die Macht an sich rissen und mit Gewalt absicherten.

### • Max Frisch, „Tagebucheintrag" (Tagebuch 1948)

Café Odeon

Umsturz in der Tschechoslowakei. Alles geht rasch. Wie immer, wenn ein Kartenhaus zusammenfällt. Sorge um unsere Freunde. Dazu die Schadenfreude meiner Bekannten, denen ich die Tschechoslowakei stets als Beispiel einer sozialistischen Demokratie vorgestellt habe; dazu der allgemeine Dünkel: Das wäre bei uns halt nicht möglich. Es fällt mir jetzt immerfort ein, was ich vor einem Jahr in Theresienstadt gesehen, aber damals nicht notiert habe: [...].

### • Max Frisch, „Tagebucheintrag" (Tagebuch 1948)

Im Jahre 1948 schreibt Frisch eine Prosaskizze mit dem Titel „Burleske", in der auf rund fünf Buchseiten detailliert die Geschichte des *Lehrstücks ohne Lehre* vorweggenommen wird. Die Hauptfigur heißt hier allerdings noch nicht Biedermann, Frisch redet den Leser mit „du" an: Eines Morgens kommt ein Mann, ein Unbekannter, und du kannst nicht umhin, du gibst ihm eine Suppe und ein Brot dazu [...].
Max Frisch: Tagebuch 1946–1949. Suhrkamp Verlag (St 1148)

Frisch hat damit auf die Ereignisse in der Tschechoslowakei (siehe „Tagebucheintrag" oben) reagiert. Im Jahre 1953 arbeitete er die Burleske in ein Hörspiel um, mit dem Titel „Herr Biedermann und die Brandstifter", welches im Bayerischen Rundfunk zum ersten Mal gesendet wurde.
1958 wurde dann am Züricher Schauspielhaus das *Lehrstück ohne Lehre* mit dem Titel „Biedermann und die Brandstifter" uraufgeführt.

### Biedermann als Modell

Mit der Umarbeitung der Burleske zum Hörspiel bzw. zum Theaterstück hat Frisch ein *Modell* geschaffen, also ein Stück, welches keinen besonderen Fall, sondern ein allgemeingültiges Verhalten, eine allgemein und überall anzutreffende Problematik nebst ihrer Begegnung zeigt.

## 2. Rezeption (Aufnahme / Stellungnahme – Publikum) von „Biedermann und die Brandstifter"

### • Machtergreifung der Nationalsozialisten 1933

In der Bundesrepublik der Nachkriegszeit deutete man Frischs Modell „Biedermann und die Brandstifter" zwangsläufig als Parabel (Lehrstück) hinsichtlich des Endes der Weimarer Republik, der Wahl der Nationalsozialisten in den Reichstag als stärkste Partei mit dem Höhepunkt des Ermächtigungsgesetztes von 1933 (Reichstag stimmt seiner eigenen Entmachtung zu!) und der endgültigen Machtübernahme der Nazis in der Folge.

## 3. Globale Umweltkatastrophen, Zerstörung der Lebensgrundlagen

Das „Biedermannprinzip" zeigt sich heute gleichermaßen im Großen wie im Kleinen. Die **Bildmontage** auf der Rückseite des Umschlags symbolisiert ein komplexes Problem, vor dem die Menschen zwar inzwischen nicht mehr die Augen verschließen, aber immer noch alles tun, um es zu verschärfen. Bitte deinen Lehrer, dir diese zur Verfügung zu stellen.

# „Biedermann" heute oder „Kassandrarufe" des Weltklimarates (IPCC) – Warnung vor Klimafolgen

Im November 2007 verabschiedete das Intergovernmental Panel on Climate Change (IPCC) den vierten Sachstandsbericht.
Für seine bisherige Arbeit zum Klimaschutz erhielt das IPCC 2007 den Friedensnobelpreis.
Der erste Teil des nun vorliegenden 4. Berichts zeigt, dass der Mensch als „Täter überführt ist". Es gebe keinen wissenschaftlichen Zweifel mehr am anthropogenen Klimawandel. 98 Prozent der Fachwissenschaft teilten die Bewertung des IPCC.
Der zweite Teil beschreibt die Verwundbarkeit der Erde in erschreckenden Dimensionen.
Der dritte Teil belegt, dass Klimaschutz machbar und finanzierbar sei. Nicht geleisteter Klimaschutz werde dagegen ungleich teurer – es entstünden drei bis zehn Mal so hohe Kosten.
Der vierte Teil trägt einerseits die Berichte über den Klimawandel und seine Folgen, Ursachen und Trends, Langzeitperspektiven, Robustheit und Unsicherheiten der wissenschaftlichen Ergebnisse vor und fasst andererseits die weitere Arbeit zusammen. Dieser Synthesebericht trägt fünf „Kassandrarufe" vor:

- Einzigartige Öko-Systeme und Tierarten werden auf Dauer verschwinden.
- Extreme Wetterereignisse nehmen zu.
- Es gibt dramatische regionale Ungleichheiten in der Betroffenheit / Verwundbarkeit der Erde und der Menschen.
- Die Gefahren übertreffen kleine, kurzzeitige „Vorteile" um ein Vielfaches.
- Das Risiko großer Einbrüche (z. B. Abrutschen großer Eismassen) nimmt weiter zu.

In Form eines **düsteren Zukunftsszenarios** werden die Folgen des Klimawandels zum größten Teil als nicht mehr umkehrbar dargestellt. Das menschliche Handeln, unsere Wirtschafts- und Lebensweise hat den Ausstoß von Treibhausgasen mit nachhaltigen Folgen erhöht:
Selbst wenn der Mensch ab sofort gar keine Treibhausgase mehr produzieren würde, lassen sich die Folgen der bisherigen Umweltverschmutzung nicht mehr aufhalten. Bedingt durch die lange Reaktionszeit in der Atmosphäre werden die Durchschnittstemperaturen auf der Erde bis Ende dieses Jahrhunderts um bis zu 0,9 Grad Celsius ansteigen. Im Falle der weiteren Zunahme der Emissionen wird ein Anstieg um bis zu 6,4 Grad erwartet. Dadurch würde das grönländische Eisschild praktisch vollständig verschwinden, und der Meeresspiegel könnte im Verlauf der nächsten Jahrhunderte um bis zu sieben Meter ansteigen.
Von den vergangenen zwölf Jahren zählten elf zu den wärmsten Jahren seit Beginn der Wetteraufzeichnungen. Bereits im 20. Jahrhundert seien die Temperaturen um insgesamt 0,7 Grad gestiegen. Seit 1993 stieg auch der Meeresspiegel um insgesamt etwa drei Millimeter im Jahr.
Ohne durchgreifende Änderungen im Umweltverhalten würden bis zum Jahr 2100 Hunderte Millionen Menschen unter Wassermangel leiden, einzigartige Öko-Systeme und Tierarten würden unwiederbringlich verloren gehen. Der Bericht wiederholt seine Warnungen an die Politik und ist eine wichtige Grundlage für die Verhandlungen zur Fortentwicklung der Klimarahmenkonvention und des Kyoto-Protokolls. Kritiker des Berichts weisen jedoch darauf hin, dass wesentliche Aussagen durch Eingriffe von Regierungen in den Formulierungen abgeschwächt wurden.

Prof. Dr. Dr. Franz Josef Radermacher, Mitglied im *Club of Rome*, gibt der Menschheit noch zehn Jahre, um das Ruder herumzureißen und das „Raumschiff Erde" auf Kurs „Balance" auszurichten.
Durch die globale Erwärmung werden die Probleme der Menschheit nur zugespitzt. Deren Wurzeln liegen im extremen Bevölkerungsanstieg und im ständig steigenden Ressourcenverbrauch. Am Ende laufe die Not der Menschen immer auf einen Mangel an Wasser und Nahrung hinaus.
Die steigende Nachfrage nach Biobrennstoffen treffe die weltweiten Nahrungsmittelmärkte jetzt deshalb so hart, weil es seit knapp zehn Jahren nicht mehr gelungen sei, die globale Nahrungsmittelproduktion entscheidend zu steigern. „Die Anbauflächen sind ausgereizt", sagt Radermacher. Hinzu kommt das Problem, dass sich der wirtschaftliche Erfolg der Schwellenländer wie Indien und China besonders im gesteigerten Hunger nach tierischen Produkten äußert. Gleichzeitig werden Anbauflächen zu Industriegebieten. „Die Weltreserven sind dadurch fast vollständig aufgebraucht worden."

So weisen die Experten der Universität der Vereinten Nationen (UNU) darauf hin, dass

- bis zu 50 Millionen Menschen bis 2010 zu „Umweltflüchtlingen" werden,
- allein im Jahr 2005 Umweltkatastrophen mehr Flüchtlinge verursachten als alle bewaffneten Konflikte,
- über eine Milliarde Menschen und etwa ein Drittel aller landwirtschaftlich nutzbaren Flächen der Erde von Wüstenbildung, Bodenerosion, Versalzung und Wassermangel bedroht sind.

Quellen: Bundesministerium für Umwelt, Naturschutz und Reaktorsicherheit (BMU), UNU und Schwäbische Zeitung, 20. Mai 2008

## Die Bruchsaler Inszenierung

### Besonderheiten 1 – Bühnenbild

**Das Bühnenbild hat als Aktionsraum zwei Ebenen** (vorherige Seite, Bild 1):

Die Vordergrundebene, mit einem Podest leicht erhöht, ist das Wohnzimmer der Biedermanns, mit einfachen Regalmodulen als Trennwand zur hinteren noch etwas höheren Bühne, dem Dachboden (mit den gestapelten Fässern). Bild 2 zeigt die Seitenbühnen, rechts bzw. links außen. Dort stehen oder sitzen die Spieler bzw. die als Chormitglieder „umfunktionierten" Spieler als **„Beobachter"** der laufenden Szene, links Babette und der Dr. phil. mit Feuerwehrhelm, rechts der Polizist mit Helm in der Hand.

Bild 3 zeigt einen Ausschnitt aus Szene 3 auf dem Dachboden: Der Polizist will Biedermann sprechen und fragt nebenbei, was er denn in den Fässern habe: *„Haarwasser"* (natürlich!).

## Besonderheiten 2 – „Beobachter" des Spiels

Babette und Anna verfolgen als „Beobachter" kritisch Biedermanns Handeln bzw. Nichthandeln.
Susanne Meyenburg – Babette
Christiane Nothofer – Anna

Dr. phil., Witwe Knechtling und Anna als Chor-Mitglieder. Sie teilen dem Publikum, aber auch in einer Szene Biedermann selbst mit, was sie beobachtet haben.

Im Nachspiel erscheinen die Halbporträts von Babette und Biedermann räumlich isoliert aus einem dunklen Nichts. Die Frage, wo sie sind, beantwortet Biedermann mit *„Im Himmel, natürlich"*, seine eigene Unsicherheit darüber überspielt er mit *„Jetzt nur nicht den Glauben verlieren"*.

Manfred Rieger, Cornelia Heilmann, Christiane Nothofer

Susanne Meyenburg – Babette
Hannes Höchsmann – Biedermann

## Besonderheiten 3 – Situationskomik

Schmitz (Paul Steinbach) ist grundsätzlich gut drauf. Er ist ein Charmeur, gegenüber Babette wie gegenüber Anna, nur bei Letzterer kommt er nicht an. Sein *„Etwas Senf"* nimmt er nicht so genau.

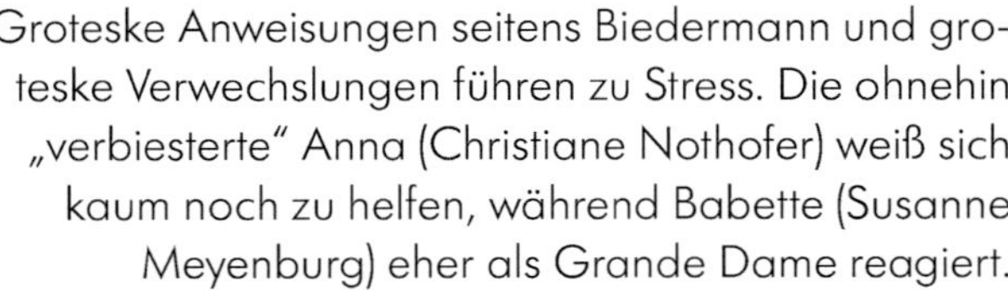

Groteske Anweisungen seitens Biedermann und groteske Verwechslungen führen zu Stress. Die ohnehin „verbiesterte" Anna (Christiane Nothofer) weiß sich kaum noch zu helfen, während Babette (Susanne Meyenburg) eher als Grande Dame reagiert.

Kleiner Gag der Regie:

Witwe Knechtling (Cornelia Heilmann), die nach ihrem Auftritt während der Szene 4 am Rande von Biedermanns Wohnzimmer Platz nimmt und diesen bis zum Ende nicht mehr verlässt, wird immer wieder in das laufende Spiel miteinbezogen. Hier muss sie die von Eisenring überall verlegte Zündschnur halten.

## Regie und Besetzung der Badischen Landesbühne Bruchsal

Herr Biedermann –
Hannes Höchsmann

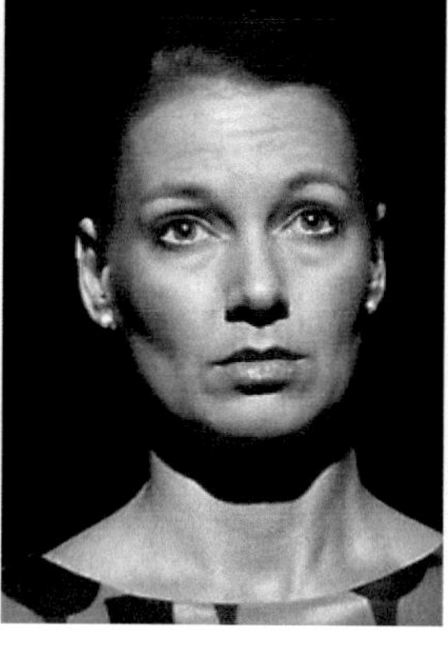

Babette, seine Frau –
Susanne Meyenburg

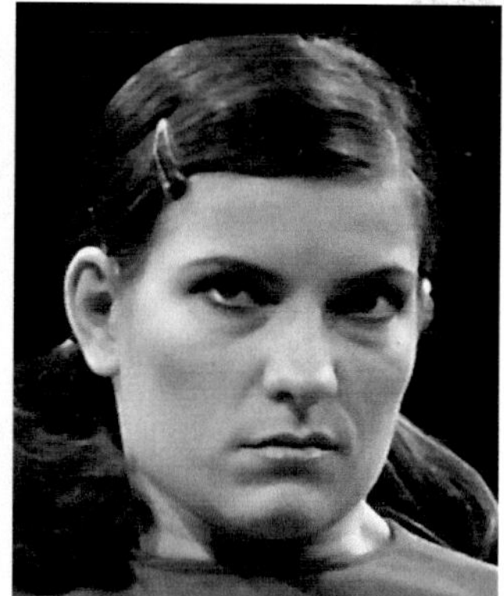

Anna, ein Dienstmädchen –
Christiane Nothofer

Schmitz, ein Ringer –
Paul Steinbach

Eisenring, eine Kellner –
Christian Cujovic

Polizist –
Tobias Gondolf

Dr. phil. –
Manfred Rieger

Witwe Knechtling –
Cornelia Heilmann

Inszenierung –
Luisa Brandsdörfer